Hommes en marche

Sherwood Anderson

Writat

Cette édition parue en 2024

ISBN : 9789359942278

Publié par
Writat
email : info@writat.com

Contenu

LIVRE I

CHAPITRE I

L'oncle Charlie Wheeler a piétiné les marches devant la boulangerie de Nance McGregor dans la rue principale de la ville de Coal Creek en Pennsylvanie, puis est entré rapidement à l'intérieur. Quelque chose lui plaisait et alors qu'il se tenait devant le comptoir du magasin, il riait et sifflait doucement. Avec un clin d'œil au révérend Minot Weeks qui se tenait près de la porte donnant sur la rue, il frappa du bout des doigts sur la vitrine.

« Il a, » dit-il en désignant le garçon, qui faisait un effort fou pour arranger le pain d'oncle Charlie dans un joli paquet, « un joli nom. Ils l'appellent Norman – Norman McGregor. Oncle Charlie rit de bon cœur et frappa de nouveau le sol. Posant son doigt sur son front pour suggérer une profonde réflexion, il se tourna vers le ministre. "Je vais changer tout cela", a-t-il déclaré.

« Normand en effet ! Je vais lui donner un nom qui restera ! Normand! Trop doux, trop doux et délicat pour Coal Creek, hein ? Il sera rebaptisé. Toi et moi serons Adam et Eve dans le jardin en train de nommer des choses. Nous l'appellerons Beaut – Notre belle – Beaut McGregor.

Le révérend Minot Weeks a également ri. Il enfonça quatre doigts de chaque main dans les poches de son pantalon, laissant les pouces étendus reposer le long de la taille gonflée. Vus de face, les pouces ressemblaient à deux petits bateaux à l'horizon d'une mer agitée. Ils se balançaient et sautaient sur la panse tremblante, apparaissant et disparaissant alors que le rire le secouait. Le révérend Minot Weeks sortit devant l'oncle Charlie, toujours en riant. On s'imaginait qu'il parcourrait la rue de magasin en magasin en racontant l'histoire du baptême et en riant encore. Le grand garçon pouvait imaginer les détails de l'histoire.

C'était un mauvais jour pour les naissances à Coal Creek, même pour la naissance de l'une des inspirations de l'oncle Charlie. La neige s'amoncelait le long des trottoirs et dans les caniveaux de Main Street – une neige noire, sordide de la crasse accumulée par les efforts humains qui se déroulaient jour et nuit dans les entrailles des collines. Dans la neige sale marchaient des mineurs, trébuchant silencieusement et le visage noirci. À mains nues, ils portaient des seaux à dîner.

Le garçon McGregor, grand et maladroit, doté d'un nez imposant, d'une grande bouche semblable à celle d'un hippopotame et de cheveux roux, suivit jusqu'à la porte l'oncle Charlie, homme politique républicain, maître de poste et esprit de village, et s'occupa de lui comme avec la miche de pain sous son bras. bras, il se précipita dans la rue. Derrière l'homme politique se tenait le ministre, toujours en train de profiter de la scène dans la boulangerie. Il se réjouissait de sa proximité avec la vie dans la ville minière. « Le Christ lui-même n'a-t-il pas ri, mangé et bu avec les publicains et les pécheurs ? pensa-t-il en se dandinant dans la neige. Les yeux du garçon McGregor, alors qu'ils suivaient les deux personnages qui s'éloignaient, et plus tard, alors qu'il se tenait devant la porte de la boulangerie, observant les mineurs en difficulté, brillaient de haine. C'était la qualité de haine intense envers ses camarades dans le trou noir entre les collines de Pennsylvanie qui marquait le garçon et le faisait se démarquer parmi ses camarades.

Dans un pays aux climats et aux occupations aussi variés que l'Amérique, il est absurde de parler d'un type américain. Le pays est comme une vaste armée désorganisée , indisciplinée, sans chef, sans inspiration, qui avance pas à pas sur la route qui mène à on ne sait quelle fin. Dans les villes des Prairies de l'Ouest et les villes fluviales du Sud d'où sont venus tant de nos écrivains, les citoyens se vantent tout au long de la vie. De vieux réprouvés ivres se reposent à l'ombre au bord de la rivière ou se promènent dans les rues d'un village de transport de maïs un samedi soir, le sourire aux lèvres. Une certaine touche de nature, un doux courant sous-jacent de la vie, reste vivante en eux et est transmise à ceux qui écrivent à leur sujet, et l'homme le plus inutile qui arpente les rues d'une ville de l'Ohio ou de l'Iowa peut être le père d'une épigramme qui colore. toute la vie des hommes qui l'entouraient. Dans une ville minière ou au fond d'une de nos villes , la vie est différente. Là, le désordre et l'absence de but de nos vies américaines deviennent un crime pour lequel les hommes paient lourdement. En perdant le pas les uns avec les autres, les hommes perdent également le sens de leur propre individualité, de sorte que des milliers d'entre eux peuvent être conduits en masse désordonnée à la porte d'une usine de Chicago matin après matin et année après année sans jamais une épigramme des lèvres. de l'un d'eux.

À Coal Creek, lorsque les hommes étaient ivres , ils titubaient en silence dans la rue. Si l'un d'eux, dans un moment de stupide jeu animal, exécutait une danse maladroite sur le parquet du bar, ses collègues le regardaient bêtement, ou se détournant le laissaient achever sans témoins son hilarité maladroite.

Debout sur le pas de la porte et regardant de haut en bas la rue sombre du village, une vague prise de conscience de l' inefficacité désorganisée de la vie telle qu'il la connaissait vint à l'esprit du garçon McGregor. Il lui semblait juste et naturel de haïr les hommes. Avec un ricanement aux lèvres, il pensa à Barney Butterlips , le socialiste de la ville, qui parlait sans cesse d'un jour prochain où les hommes marcheraient côte à côte et où la vie à Coal Creek, la vie partout, cesserait d'être sans but et deviendrait définie et pleine. de sens.

"Ils ne feront jamais ça et qui veut qu'ils le fassent", réfléchit le garçon McGregor. Un souffle de vent chargé de neige l'a frappé et il s'est tourné vers le magasin et a claqué la porte derrière lui. Une autre pensée lui vint à l'esprit et lui fît rougir les joues. Il se retourna et resta debout dans le silence de la boutique vide, tremblant d'émotion. « Si je pouvais former une armée avec les hommes de cet endroit , je les conduirais à l'embouchure de la vieille tranchée Shumway et je les pousserais à l'intérieur », menaça-t-il en brandissant le poing en direction de la porte. "Je me tenais à l'écart et voyais toute la ville se débattre et se noyer dans l'eau noire aussi intacte que si j'assistais à la noyade d'une portée de petits chatons sales."

Le lendemain matin, lorsque Beaut McGregor poussa son chariot de boulanger le long de la rue et commença à gravir la colline en direction des maisons des mineurs, il s'y rendit, non pas comme Norman McGregor, le garçon boulanger de la ville, seul produit des reins de Cracked McGregor de Coal Creek, mais en tant que personnage, être, objet d'un art. Le nom que lui avait donné oncle Charlie Wheeler avait fait de lui un homme marqué. Il était comme le héros d'un roman populaire, galvanisé dans la vie et marchant en chair et en os devant le peuple. Les hommes le regardaient avec un nouvel intérêt, réinventant la bouche et le nez immenses et les cheveux flamboyants. Le barman, balayant la neige devant la porte du salon, lui cria dessus. « Hé, Norman ! » il a appelé. « Doux Normand ! Norman est un trop joli nom. Beaut est le nom qu'il vous faut ! Oh tu es belle ! »

Le grand garçon poussa silencieusement la charrette dans la rue. Encore une fois, il détestait Coal Creek. Il détestait la boulangerie et le chariot de boulangerie. Avec une haine brûlante et satisfaisante, il détestait l'oncle Charlie Wheeler et le révérend Minot Weeks. « Gros vieux imbéciles », marmonna-t-il en secouant la neige de son chapeau et en s'arrêtant pour respirer pendant la lutte qui gravissait la colline. Il avait quelque chose de nouveau à détester. Il détestait son propre nom. Cela semblait ridicule. Il avait pensé auparavant qu'il y avait quelque chose de fantaisiste et de prétentieux là-dedans. Cela ne convenait pas à un garçon de chariot de boulangerie. Il aurait aimé que ce soit simplement John, Jim ou Fred. Un frémissement d'irritation contre sa mère le traversa. « Elle aurait pu faire preuve de plus de bon sens », marmonna-t-il.

Et puis l'idée lui vint que son père aurait pu choisir ce nom. Cela arrêta sa fuite vers la haine universelle et il recommença à pousser le chariot vers l'avant, un courant de pensée plus sympathique traversant son esprit. Le grand garçon adorait le souvenir de son père, « Cracked McGregor ». "Ils l'appelaient 'Cracked' jusqu'à ce que cela devienne son nom", pensa-t-il.

"Maintenant, ils sont contre moi." Cette pensée a renouvelé un sentiment de camaraderie entre lui et son père décédé – elle l'a adouci. Lorsqu'il atteignit la première des sombres maisons des mineurs, un sourire apparut aux coins de sa grande bouche.

À son époque, Cracked McGregor n'avait pas bonne réputation à Coal Creek. C'était un grand homme silencieux, avec quelque chose de morose et de dangereux. Il inspirait la peur née de la haine. Dans les mines, il travaillait en silence et avec une énergie fougueuse, détestant ses collègues mineurs parmi lesquels il était considéré comme « un peu fou ». Ce sont eux qui l'ont surnommé « Cracked » McGregor et ils l'ont évité tout en souscrivant à l'opinion commune selon laquelle il était le meilleur mineur du district. Comme ses collègues, il lui arrivait de s'enivrer. Lorsqu'il entrait dans le salon où d'autres hommes se tenaient en groupes et s'achetaient des boissons les uns pour les autres, il n'en achetait que pour lui-même. Un jour, un étranger, un gros homme qui vendait de l'alcool pour un grossiste, s'est approché et lui a donné une tape dans le dos. "Viens te remonter le moral et prendre un verre avec moi", dit-il. Cracked McGregor se tourna et jeta l'étranger au sol. Quand le gros homme fut à terre, il lui donna un coup de pied et lança un regard noir à la foule présente dans la pièce. Puis il sortit lentement vers la porte en regardant autour de lui et en espérant que quelqu'un interviendrait.

Dans sa maison également, Cracked McGregor était silencieux. Lorsqu'il parlait, il parlait gentiment et regardait sa femme dans les yeux avec un air impatient et impatient. Il semblait vouer sans cesse à son fils roux une sorte d'affection muette. Prenant le garçon dans ses bras, il resta assis pendant des heures, se balançant d'avant en arrière sans rien dire. Lorsque le garçon était malade ou troublé par des rêves étranges la nuit, la sensation des bras de son père autour de lui le calmait. Dans ses bras, le garçon s'endormit heureux. Dans l'esprit du père, il y avait une seule pensée récurrente : « Nous n'avons qu'un seul petit , nous ne le mettrons pas dans le trou dans le sol », dit-il en regardant avec impatience la mère pour obtenir son approbation.

À deux reprises, Cracked McGregor avait marché avec son fils un dimanche après-midi. Prenant le garçon par la main, le mineur gravit la face de la colline, longea la dernière maison des mineurs, traversa le bosquet de pins au sommet et traversa la colline pour apercevoir une large vallée de l'autre côté. Quand il marchait, il tournait la tête sur le côté comme s'il écoutait. Une chute de bois dans les mines lui avait donné une épaule déformée et lui avait laissé une grande cicatrice au visage, en partie recouverte par une barbe rousse remplie de poussière de charbon. Le coup qui lui avait déformé l'épaule lui avait assombri l'esprit. Il marmonnait en marchant le long de la route et se parlait tout seul comme un vieil homme.

Le garçon aux cheveux roux courait joyeusement à côté de son père. Il n'a pas vu les sourires sur les visages des mineurs, qui descendaient la colline et s'arrêtaient pour regarder quelques couples. Les mineurs ont continué leur route pour s'asseoir devant les magasins de Main Street, leur journée égayée par le souvenir des McGregor pressés . Ils avaient une remarque à faire. "Nance McGregor n'aurait pas dû regarder son homme lorsqu'elle a conçu", ont-ils déclaré.

Sur la face de la colline montaient les McGregors . Dans l'esprit du garçon, mille questions attendaient une réponse. Regardant le visage sombre et silencieux de son père, il réprima les questions qui lui montaient à la gorge, les réservant pour l'heure tranquille avec sa mère lorsque Cracked McGregor était parti à la mine. Il voulait en savoir plus sur l'enfance de son père, sur la vie dans la mine, sur les oiseaux qui volaient au-dessus de lui et pourquoi ils tournaient et volaient en grands ovales dans le ciel. Il regardait les arbres tombés dans les bois et se demandait ce qui les avait fait tomber et si les autres tomberaient à leur tour.

Le couple silencieux traversa la colline et traversa la pinède jusqu'à une éminence à mi-chemin de l'autre côté. Quand le garçon vit la vallée si verte, si large et si fertile à leurs pieds , il pensa que c'était le spectacle le plus merveilleux du monde. Il n'était pas surpris que son père l'y ait amené. Assis par terre, il ouvrit et ferma les yeux, l'âme émue par la beauté de la scène qui s'offrait à eux.

Sur le flanc de la colline, Cracked McGregor a subi une sorte de cérémonie. Assis sur une bûche, il fabriquait un télescope avec ses mains et regardait la vallée pouce par pouce comme quelqu'un cherchant quelque chose de perdu. Pendant dix minutes, il regardait attentivement un bouquet d'arbres ou un endroit de la rivière qui coule dans la vallée, là où elle s'élargissait et où l'eau rugueuse par le vent luisait au soleil. Un sourire se cachait aux coins de sa bouche, il se frottait les mains, il marmonnait des mots et des bribes de phrases incohérents, puis il se lançait dans une chanson basse et bourdonnante.

Le premier matin, lorsque le garçon était assis à flanc de colline avec son père, c'était le printemps et la terre était d'un vert éclatant. Les agneaux jouaient dans les champs ; les oiseaux chantaient leurs chants d'accouplement ; dans l'air, sur la terre et dans l'eau du fleuve qui coule, c'était une époque de vie nouvelle. En contrebas, la vallée plate de champs verts était rapiécée et tachetée de terre brune nouvellement retournée. Le bétail marchant la tête baissée, mangeant l'herbe douce, les fermes aux granges rouges, l'odeur âcre de la nouvelle terre, enflammaient son esprit et réveillaient le sens endormi de la beauté chez le garçon. Il s'assit sur la bûche, ivre de bonheur à l'idée que le monde dans lequel il vivait puisse être si beau. La nuit , dans son lit, il rêvait de la vallée, la confondant avec le vieux conte biblique du jardin d'Eden, que lui avait raconté sa mère. Il rêva que lui et sa mère traversaient la colline et descendaient vers la vallée, mais que son père, vêtu d'une longue robe blanche et avec ses cheveux roux flottant au vent, se tenait sur le flanc de la colline, brandissant une longue épée flamboyante de feu et les chassait. dos.

Lorsque le garçon franchit de nouveau la colline, c'était en octobre et un vent froid lui soufflait au visage. Dans les bois, des feuilles brun doré couraient comme de petits animaux effrayés et brun doré étaient les feuilles des arbres autour des fermes et brun doré le maïs choqué dans les champs. La scène a attristé le garçon. Une boule lui vint à la gorge et il voulut retrouver la beauté verte et brillante du printemps. Il souhaitait entendre les oiseaux chanter dans les airs et dans l'herbe à flanc de colline.

Cracked McGregor était d'une autre humeur. Il paraissait plus satisfait que lors de la première visite et courait de long en large sur la petite éminence en se frottant les mains et les jambes de son pantalon. Durant toute la longue après-midi, il resta assis sur la bûche, marmonnant et souriant.

Sur le chemin du retour, à travers les bois sombres, les feuilles agitées et pressées effrayèrent le garçon à tel point que, avec la fatigue de marcher contre le vent, la faim d'être toute la journée sans nourriture et le froid qui lui mordait le corps, il se mit à pleurer. Le père prit le garçon dans ses bras et, le tenant sur sa poitrine comme un bébé, descendit la colline jusqu'à leur maison.

C'est un mardi matin que Cracked McGregor est décédé. Sa mort s'est inscrite comme quelque chose de bien dans l'esprit du garçon et la scène et les circonstances sont restées avec lui tout au long de sa vie, le remplissant d'une fierté secrète comme une connaissance du bon sang. « Cela signifie quelque chose que je sois le fils d'un tel homme », pensa-t-il.

Il était dix heures du matin lorsque le cri de « Feu dans la mine » monta la colline jusqu'aux maisons des mineurs. La panique s'empare des femmes. Dans leur esprit, ils voyaient les hommes se précipiter dans les vieux quartiers, accroupis dans des couloirs cachés, poursuivis par la mort. Cracked McGregor, l'un des membres de l'équipe de nuit , dormait dans sa maison. La mère du garçon, lui jeta un châle sur la tête, lui prit la main et dévala la colline en courant jusqu'à l'embouchure de la mine. Des vents froids crachant de la neige leur soufflaient au visage. Ils ont couru le long des voies ferrées, trébuchant sur les traverses, et se sont tenus sur le talus de la voie ferrée qui surplombait la piste d'atterrissage menant à la mine.

Autour de la piste et le long du talus se tenaient les mineurs silencieux, les mains dans les poches de leur pantalon, regardant fixement la porte fermée de la mine. Parmi eux, il n'y avait aucune impulsion en faveur d'une action concertée. Comme des animaux à la porte d'un abattoir, ils attendaient leur tour qu'on les amène à la porte. Une vieille vieille, le dos courbé, un énorme bâton à la main, allait d'un mineur à l'autre en gesticulant et en discutant. « Va chercher mon garçon, mon Steve ! Sortez-le de là ! cria-t-elle en agitant le bâton.

La porte de la mine s'ouvrit et trois hommes en sortirent, chancelants, en poussant devant eux une petite voiture qui roulait sur des rails. Dans la voiture gisaient trois autres hommes, silencieux et immobiles. Une femme légèrement vêtue et avec de grands creux semblables à des grottes sur le visage escalada le talus et s'assit par terre au-dessous du garçon et de sa mère. « Le feu est dans le vieux montage de McCrary », dit-elle, la voix tremblante, un regard stupide et désespéré dans les yeux. « Ils ne peuvent pas passer pour fermer les portes. Mon homme Ike est là-dedans. Elle baissa la tête et s'assit en pleurant. Le garçon connaissait la femme. C'était une voisine qui vivait dans une maison non peinte à flanc de colline. Dans la cour devant sa maison, une nuée d'enfants jouait parmi les pierres. Son mari, un homme costaud, s'est saoulé et, lorsqu'il est rentré à la maison, il a donné des coups de pied à sa femme. Le garçon l'avait entendu crier la nuit.

Soudain, parmi la foule croissante de mineurs sous le remblai, Beaut McGregor aperçut son père s'agiter avec agitation. Sur la tête, il avait sa casquette avec la lampe de mineur allumée. Il allait de groupe en groupe parmi le peuple, la tête penchée de côté. Le garçon le regarda attentivement. Il se souvenait de la journée d'octobre sur l'éminence qui surplombait la vallée fertile et encore une fois il pensait à son père comme à un homme inspiré, passant par une sorte de cérémonie. Le grand mineur se frottait les jambes de haut en bas, il scrutait les visages des hommes silencieux qui se tenaient là, ses lèvres remuaient et sa barbe rousse dansait de haut en bas.

Alors que le garçon regardait, un changement se produisit sur le visage de Cracked McGregor. Il courut jusqu'au pied du talus et leva les yeux. Dans ses yeux se trouvait le regard d'un animal perplexe. La femme se pencha et commença à parler à la femme qui pleurait par terre, essayant de la réconforter. Elle n'a pas vu son mari et le garçon et l'homme sont restés silencieux, se regardant dans les yeux.

Puis l'air perplexe disparut du visage du père. Il se retourna et courut, la tête roulante, jusqu'à la porte fermée de la mine. Un homme, qui portait un col blanc et un cigare coincé au coin de la bouche, tendit la main.

"Arrêt! Attendez!" il cria. Poussant l'homme de côté avec son bras puissant, le coureur ouvrit la porte de la mine et disparut sur la piste.

Un brouhaha s'éleva. L'homme en col blanc sortit le cigare de sa bouche et se mit à jurer violemment. Le garçon se tenait sur le talus et vit sa mère courir vers la piste de la mine. Un mineur l'a saisie par le bras et l'a ramenée sur le talus. Dans la foule, une voix de femme a crié : « C'est Cracked McGregor qui est parti fermer la porte au cut McCrary. »

L'homme au col blanc regardait autour de lui en mâchant le bout de son cigare. « Il est devenu fou », a-t-il crié en fermant à nouveau la porte de la mine.

McGregor craquelé est mort dans la mine, presque à portée de la porte de l'ancienne tranchée où brûlait le feu. Avec lui moururent tous les mineurs emprisonnés sauf cinq. Toute la journée, des groupes d'hommes ont tenté de descendre dans la mine. En bas, dans les passages cachés sous leurs propres maisons, les mineurs qui couraient moururent comme des rats dans une grange en feu tandis que leurs femmes, un châle sur la tête, pleuraient en silence sur le talus de la voie ferrée. Le soir, le garçon et sa mère gravirent seuls la colline. Des maisons éparpillées sur la colline parvenaient des bruits de femmes qui pleuraient.

Pendant plusieurs années après la catastrophe minière, les McGregor , mère et fils, ont vécu dans la maison à flanc de colline. La femme se rendait chaque matin dans les bureaux de la mine où elle lavait les vitres et récurait les sols. Cette position était une sorte de reconnaissance de la part des responsables de la mine de l'héroïsme de Cracked McGregor.

Nance McGregor était une petite femme aux yeux bleus et au nez pointu. Elle portait des lunettes et était réputée à Coal Creek pour être rapide et intelligente. Elle ne se tenait pas près de la clôture pour parler avec les épouses des autres mineurs, mais s'asseyait dans sa maison et cousait ou lisait à haute voix à son fils. Elle s'était abonnée à un magazine et en avait des exemplaires reliés sur les étagères de la pièce où elle et le garçon prenaient leur petit-déjeuner tôt le matin. Avant la mort de son mari, elle avait gardé l'habitude du silence dans sa maison, mais après la mort de son mari, elle s'est agrandie et, avec son fils aux cheveux roux, elle a discuté librement de chaque phase de leur étroite vie. En grandissant, le garçon commença à croire que, comme les mineurs, elle avait caché sous son silence une peur secrète de son père. Certaines choses qu'elle a dites de sa vie ont encouragé cette réflexion.

Norman McGregor est devenu un grand garçon aux larges épaules, avec des bras forts, des cheveux roux flamboyants et une habitude de crises de colère soudaines et violentes. Il y avait quelque chose en lui qui retenait l'attention. En grandissant et en étant renommé par l'oncle Charlie Wheeler, il commença à chercher des ennuis. Quand les garçons l'appelaient « Beaut », il les renversait. Quand les hommes criaient son nom dans la rue , il les suivait avec des regards noirs. C'était devenu un point d' honneur pour lui de ne pas accepter ce nom. Il a fait le lien avec l'injustice de la ville envers Cracked McGregor.

Dans la maison à flanc de colline, le garçon et sa mère vivaient heureux ensemble. Tôt le matin, ils descendirent la colline et traversèrent les voies ferrées jusqu'aux bureaux de la mine. Depuis les bureaux, le garçon gravissait la colline de l'autre côté de la vallée et s'asseyait sur les marches de l'école ou errait dans les rues en attendant que la journée d'école commence. Le soir, la mère et le fils étaient assis sur les marches devant leur maison et regardaient l'éclat des fours à coke sur le ciel et les lumières des trains de voyageurs circulant rapidement, sifflant et disparaissant dans la nuit.

Nance McGregor a parlé à son fils du grand monde en dehors de la vallée et lui a parlé des villes, des mers, des terres et des peuples étranges « au-delà des mers. « Nous avons creusé le sol comme des rats, dit-elle, moi et mon peuple, votre père et son peuple. Avec toi, ce sera différent. Vous sortirez d'ici vers d'autres endroits et d'autres travaux. Elle s'indignait en pensant à la vie de la ville. « Nous sommes coincés ici au milieu de la terre, nous y vivons, nous la respirons », se plaint-elle. « Soixante hommes sont morts dans ce trou dans le sol, puis la mine a recommencé avec de nouveaux hommes. Nous restons ici année après année pour extraire du charbon et le brûler dans des moteurs qui transportent d'autres personnes à travers les mers et vers l'Ouest. »

Quand le fils était un grand garçon fort de quatorze ans, Nance McGregor a acheté la boulangerie et pour l'acheter, il a fallu l'argent économisé par Cracked McGregor. Avec cela, il avait prévu d'acheter une ferme dans la vallée au-delà de la colline. Dollar après dollar, il avait été économisé par le mineur qui rêvait de vivre dans ses propres champs.

Dans la boulangerie, le garçon travaillait et apprit à faire du pain. En pétrissant la pâte, ses bras et ses mains devinrent aussi forts que ceux d'un ours. Il détestait le travail, il détestait Coal Creek et rêvait de la vie en ville et du rôle qu'il devrait y jouer. Parmi les jeunes gens, il commença à se faire ici et là un ami. Comme son père, il attirait l'attention. Les femmes le regardaient, se moquaient de sa grande silhouette et de ses traits forts et simples et regardaient à nouveau. Lorsqu'ils lui parlaient à la boulangerie ou dans la rue, il répondait sans crainte et les regardait dans les yeux. Les jeunes filles de l'école rentraient chez elles à pied en descendant la colline avec d'autres garçons et la nuit rêvaient de Beaut McGregor. Quand quelqu'un disait du mal de lui, on répondait en le défendant et en le louant. Comme son père, il était un homme marqué dans la ville de Coal Creek.

CHAPITRE II

Un dimanche après-midi, trois garçons étaient assis sur une bûche sur le flanc de la colline qui surplombait Coal Creek. D'où ils étaient assis , ils pouvaient voir les ouvriers de l'équipe de nuit qui traînaient au soleil sur Main Street. Des fours à coke, une fine ligne de fumée montait dans le ciel. Un train de marchandises lourdement chargé contournait la colline au fond de la vallée. C'était le printemps et, au-dessus même de cette ruche de l'industrie noire, flottait une faible promesse de beauté. Les garçons parlaient de la vie des gens de leur ville et, tout en parlant, ils pensaient chacun à lui-même.

Même s'il n'était pas sorti de la vallée et y était devenu fort et grand, Beaut McGregor connaissait quelque chose du monde extérieur. Ce n'est pas une époque où les hommes sont coupés de leurs semblables. Les journaux et les magazines ont trop bien fait leur travail. Ils pénétrèrent même dans la cabane du mineur et les marchands de la rue Main de Coal Creek se tenaient devant leurs magasins dans l'après-midi et parlaient des actualités du monde. Beaut McGregor savait que la vie dans sa ville était exceptionnelle, que les hommes ne travaillaient pas partout toute la journée dans des souterrains noirs et crasseux, que toutes les femmes n'étaient pas pâles, exsangues et courbées. Pendant qu'il livrait du pain , il sifflait une chanson. «Ramenez-moi à Broadway», chantait-il après la soubrette dans un spectacle autrefois organisé à Coal Creek.

Maintenant, assis sur le flanc de la colline, il parlait avec ferveur tout en gesticulant avec ses mains. «Je déteste cette ville», dit-il. « Les hommes ici pensent qu'ils sont incroyablement drôles. Ils ne s'intéressent à rien d'autre qu'à faire des blagues stupides et à se saouler. Je veux m'en aller." Sa voix s'éleva et la haine s'enflamma en lui. « Attendez », se vantait-il. « Je ferai en sorte que les hommes cessent d'être idiots. J'en ferai des enfants. Je vais... » Faisant une pause, il regarda ses deux compagnons.

Beaut frappa le sol avec un bâton. Le garçon assis à côté de lui rit. C'était un petit garçon aux cheveux noirs, bien habillé, avec des bagues aux doigts, qui travaillait dans la salle de billard de la ville, ramassant les boules de billard. « J'aimerais aller là où se trouvent des femmes qui ont du sang dans les yeux », a-t-il déclaré.

Trois femmes gravirent la colline vers eux, une grande femme de vingt-sept ans, aux cheveux brun pâle, et deux jeunes filles plus blondes. Le garçon aux cheveux noirs ajusta sa cravate et commença à penser à une conversation qu'il entamerait lorsque les femmes l'atteindraient. Beaut et l'autre garçon, un gros garçon, fils d'épicier, regardaient la ville en bas de la colline, par-dessus les têtes des nouveaux arrivants, et poursuivaient dans leur esprit les pensées qui avaient animé la conversation.

"Bonjour les filles, venez vous asseoir ici", cria le garçon aux cheveux noirs en riant et en regardant hardiment dans les yeux de la grande femme pâle. Ils s'arrêtèrent et la grande femme commença à enjamber les bûches tombées pour venir vers eux. Les deux jeunes filles le suivirent en riant. Ils s'assirent sur la bûche à côté des garçons, la grande femme pâle au fond à côté de McGregor aux cheveux roux. Un silence embarrassé s'abattit sur la fête. Beaut et le gros garçon étaient déconcertés par cette tournure de leur sortie de l'après-midi et se demandaient comment cela allait se passer.

La femme pâle commença à parler à voix basse. "Je veux m'éloigner d'ici", a-t-elle déclaré, "J'aimerais pouvoir entendre les oiseaux chanter et voir les choses vertes pousser."

Beaut McGregor a eu une idée. "Tu viens avec moi", dit-il. Il se releva et enjamba les bûches et la femme pâle le suivit. Le gros garçon leur a crié dessus, soulageant son propre embarras en essayant de les embarrasser. « Où allez-vous, vous deux ? il cria.

Beaut ne dit rien. Il a enjambé les rondins jusqu'à la route et a commencé à gravir la colline. La grande femme marchait à côté de lui et retirait ses jupes de la poussière profonde de la route. Même sur sa robe du dimanche, il y avait une légère marque noire le long des coutures — la marque de Coal Creek.

Tandis que McGregor marchait, son embarras le quitta. Il pensait que c'était bien d'être ainsi seul avec une femme. Lorsqu'elle fut fatiguée par la montée , il s'assit avec elle sur un rondin au bord de la route et parla du garçon aux cheveux noirs. "Il a ta bague au doigt", dit-il en la regardant et en riant.

Elle tenait sa main fermement pressée contre son côté et fermait les yeux. « L'escalade me fait mal », dit-elle.

La tendresse s'empara de Beaut . Lorsqu'ils repartirent, il marcha derrière elle, sa main sur son dos la poussant vers le haut de la colline. L'envie de la taquiner à propos du garçon aux cheveux noirs était passée et il aurait aimé ne rien dire à propos de la bague. Il se souvenait de l'histoire que le garçon aux cheveux noirs lui avait racontée à propos de sa conquête de la femme. "Il s'agit probablement d'un gâchis de mensonges", pensa-t-il.

Au sommet de la colline , ils s'arrêtèrent et se reposèrent, appuyés contre une clôture usée près des bois. Au-dessous d'eux, dans un chariot, un groupe d'hommes descendit la colline. Les hommes étaient assis sur des planches posées sur la caisse d'un chariot et chantaient une chanson. L'un d'eux s'est assis à côté du conducteur et a agité une bouteille. Il semblait faire un discours. Les autres criaient et frappaient dans leurs mains. Les sons parvenaient faibles et aigus en haut de la colline.

Dans les bois, à côté de la clôture, de l'herbe épaisse poussait. Des faucons flottaient dans le ciel au-dessus de la vallée en contrebas. Un écureuil qui courait le long de la clôture s'est arrêté et leur a bavardé. McGregor pensait qu'il n'avait jamais eu un compagnon aussi charmant. Il éprouvait un sentiment de pleine camaraderie et d'amitié avec cette femme. Sans savoir comment la chose avait été faite, il en éprouvait une certaine fierté. "Ne vous souciez pas de ce que j'ai dit à propos de la bague", a-t-il insisté, "j'essayais seulement de vous taquiner."

La femme à côté de McGregor était la fille d'un entrepreneur de pompes funèbres qui vivait à l'étage de son magasin, près de la boulangerie. Il l'avait vue le soir debout dans l'escalier près de la porte du magasin. Après l'histoire que lui avait racontée le garçon aux cheveux noirs, il avait été gêné à son sujet. Lorsqu'il la croisa debout dans l'escalier, il s'avança précipitamment et regarda dans le caniveau.

Ils descendirent la colline et s'assirent sur le rondin à flanc de colline. Un groupe d'anciens s'était formé autour du rondin depuis ses visites là-bas avec Cracked McGregor, de sorte que l'endroit était fermé et ombragé comme une pièce. La femme ôta son chapeau et le posa à côté d'elle sur la bûche. Une légère couleur monta à ses joues pâles et un éclair de colère brillait dans ses yeux. « Il t'a probablement menti à mon sujet, » dit-elle, « je ne lui ai pas donné cette bague à porter. Je ne sais pas pourquoi je le lui ai donné. Il le voulait. Il me l'a demandé à maintes reprises. Il a dit qu'il voulait le montrer à sa mère. Et maintenant, il vous l'a montré et, je suppose, il a menti à mon sujet.

Beaut était ennuyé et aurait souhaité ne pas avoir mentionné la bague. Il avait l'impression qu'on en faisait tout un plat inutile. Il ne croyait pas que le garçon aux cheveux noirs avait menti mais il ne pensait pas que cela importait.

Il commença à parler de son père, se vantant de lui. Sa haine de la ville s'enflamma. « Ils pensaient le connaître là-bas », a-t-il déclaré, « ils se sont moqués de lui et l'ont traité de « Cracké ». Ils pensaient que courir dans la mine était une idée folle, comme un cheval qui court dans une écurie en feu. C'était le meilleur homme de la ville. Il était plus courageux que n'importe lequel d'entre eux. Il est entré là-bas et est mort alors qu'il avait presque assez d'argent économisé pour acheter une ferme ici. Il désigna la vallée.

Beaut a commencé à lui raconter les visites à flanc de colline avec son père et a décrit l'effet de la scène sur lui-même lorsqu'il était enfant. "Je pensais que c'était le paradis", a-t-il déclaré.

Elle posa sa main sur son bras et parut l'apaiser comme un palefrenier prudent calme un cheval excité. «Ne vous en souciez pas», dit-elle, «vous partirez après un certain temps et vous ferez une place dans le monde.»

Il se demandait comment elle le savait. Un profond respect pour elle l'envahit. "Elle a hâte de deviner ça", pensa-t-il.

Il se mit à parler de lui-même, en se vantant et en bombant le torse. "J'aimerais avoir la chance de montrer ce que je sais faire", a-t-il déclaré. Une pensée qui lui était venue à l'esprit le jour d'hiver où oncle Charlie Wheeler lui avait donné le nom de Beaut lui revint et il marcha de long en large devant la femme faisant des mouvements grotesques avec ses mains alors que Cracked McGregor marchait de long en large devant lui. .

"Je vais vous dire", commença-t-il d'une voix dure. Il avait oublié la présence de la femme et à moitié oublié ce qu'il avait en tête. Il bafouilla et regarda par-dessus son épaule vers la colline alors qu'il luttait pour trouver ses mots. " Oh au diable les hommes!" » éclata-t-il. "Ce sont du bétail, du bétail stupide." Un feu s'alluma dans ses yeux et une note confiante apparut dans sa voix. «J'aimerais les réunir tous, dit-il, j'aimerais les faire… » Les mots lui manquèrent et il s'assit de nouveau sur la bûche à côté de la femme. « Eh bien , j'aimerais les conduire jusqu'à un vieux puits de mine et les y pousser », conclut-il avec ressentiment.

Sur l'éminence, Beaut et la grande femme étaient assis et regardaient la vallée. « Je me demande pourquoi nous n'y allons pas, maman et moi », dit-il. «Quand je le vois, je suis rempli de cette idée. Je pense que je veux être agriculteur et travailler dans les champs. Au lieu de cette mère et moi, nous nous asseyons et planifions la ville. Je vais devenir avocat. C'est tout ce dont nous parlons. Ensuite, je viens ici et j'ai l'impression que c'est l'endroit qu'il me faut.

La grande femme rit. «Je te vois rentrer le soir des champs», dit-elle. « Ce pourrait être dans cette maison blanche avec le moulin à vent. Vous seriez un grand homme et vous auriez de la poussière dans vos cheveux roux et peut-être une barbe rousse qui pousserait sur votre menton. Et une femme avec un bébé dans les bras sortait de la porte de la cuisine et s'appuyait sur la clôture pour vous attendre. Quand tu remontais, elle mettait son bras autour de ton cou et t'embrassait sur les lèvres. La barbe lui chatouillerait la joue. Tu devrais avoir une barbe en vieillissant. Ta bouche est si grande.

Un nouveau sentiment étrange traversa Beaut . Il se demandait pourquoi elle avait dit cela et voulait lui prendre la main et l'embrasser sur-le-champ. Il se leva et regarda le soleil se coucher derrière la colline, au loin, à l'autre bout de la vallée. « Nous ferions mieux de nous entendre », dit-il.

La femme restait assise sur la bûche. « Asseyez-vous, dit-elle, je vais vous dire quelque chose, quelque chose que vous aurez plaisir à entendre. Tu es si grand et si rouge que tu incites une fille à te déranger. Mais d'abord, dis-moi pourquoi tu marches dans la rue en regardant dans le caniveau, alors que je me tiens dans l'escalier le soir.

Beaut se rassit sur le rondin et réfléchit à ce que le garçon aux cheveux noirs lui avait dit d'elle. "Alors c'était vrai... ce qu'il a dit à ton sujet ?" Il a demandé.

"Non! Non!" s'écria-t-elle en sautant à son tour et en commençant à épingler son chapeau. « Allons-y. »

Beaut restait assis sur la bûche. "A quoi ça sert de s'embêter les uns les autres", dit-il. « Restons assis ici jusqu'à ce que le soleil se couche. Nous pouvons rentrer à la maison avant la nuit.

Ils s'assirent et elle commença à parler, se vantant d'elle-même comme il s'était vanté de son père.

« Je suis trop vieille pour ce garçon », dit-elle ; « Je suis plus âgé que toi de plusieurs années. Je sais de quoi parlent les garçons et ce qu'ils disent des femmes. Je m'en sors plutôt bien. Je n'ai personne à qui parler à part mon père et il reste assis toute la soirée à lire un journal et va dormir sur sa chaise. Si je laisse les garçons venir s'asseoir avec moi le soir ou me parler dans l'escalier, c'est parce que je me sens seul. Il n'y a pas un homme en ville que j'épouserais, pas un seul.

Le discours parut discordant et dur à Beaut . Il aurait aimé que son père soit là, se frottant les mains et marmonnant plutôt que cette femme pâle qui l'excitait et parlait ensuite durement comme les femmes aux portes arrière de Coal Creek. Il pensa encore, comme il l'avait déjà pensé auparavant, qu'il préférait les mineurs au visage noir, ivres et silencieux, à leurs pâles épouses parlantes. Sur un coup de tête, il lui a dit cela, en le disant crûment, si bien que ça lui faisait mal.

Leur compagnie était gâchée. Ils se levèrent et commencèrent à gravir la colline en direction de la maison. De nouveau, elle posa sa main sur le côté et de nouveau il voulut mettre sa main dans son dos et la pousser vers le haut de la colline. Au lieu de cela, il marchait à côté d'elle en silence, détestant à nouveau la ville.

A mi-chemin de la colline, la grande femme s'arrêta au bord de la route. La nuit tombait et la lueur des fours à coke éclairait le ciel. « Celui qui vit ici et n'y descend jamais pourrait penser que c'est plutôt grandiose et grandiosc », a-t-il déclaré. De nouveau, la haine est revenue. "Ils pourraient penser que les hommes qui vivent là-bas savaient quelque chose au lieu d'être simplement du bétail."

Un sourire apparut sur le visage de la grande femme et un regard plus doux se glissa dans ses yeux. « Nous nous affrontons les uns les autres, dit-elle, nous ne pouvons pas nous laisser seuls. J'aurais aimé que nous ne nous disputions pas . Nous pourrions être amis si nous essayions. Vous avez quelque chose en vous. Vous attirez les femmes. J'ai entendu d'autres dire cela. Ton père était comme ça. La plupart des femmes ici auraient préféré être l'épouse de Cracked McGregor, si laid qu'il était, plutôt que de rester avec leur propre mari. J'ai entendu ma mère dire cela à mon père quand ils se disputaient au lit la nuit et j'écoutais.

Le garçon était submergé par l'idée d'une femme qui lui parlait si franchement. Il la regarda et dit ce qu'il avait en tête. « Je n'aime pas les femmes, dit-il, mais je vous ai aimé, vous voyant debout dans l'escalier et pensant que vous aviez fait ce que vous vouliez. Je pensais que tu représentais peut-être quelque chose. Je ne sais pas pourquoi tu devrais être dérangé par ce que je pense. Je ne sais pas pourquoi une femme devrait être dérangée par ce que pense un homme. Je devrais penser que tu continuerais à faire ce que tu veux faire comme ma mère et moi en ce qui concerne mon métier d'avocat.

Il s'est assis sur une bûche au bord de la route près de l'endroit où il l'avait rencontrée et l'a regardée descendre la colline. "Je suis tout à fait un gars de lui avoir parlé tout l'après-midi comme ça", pensa-t-il et la fierté de sa virilité grandissante l'envahit.

CHAPITRE III

La ville de Coal Creek était hideuse. Les gens des villes prospères du Moyen-Ouest, de l'Ohio, de l'Illinois et de l'Iowa, se dirigeant vers l'est jusqu'à New York ou Philadelphie, regardaient par les fenêtres des voitures et, voyant les petites maisons pauvres dispersées le long des collines, pensaient aux livres qu'ils avaient lus. la vie dans des masures du vieux monde. Dans les wagons-fauteuils, hommes et femmes se penchaient en arrière et fermaient les yeux. Ils bâillaient et souhaitaient que le voyage touche à sa fin. S'ils pensaient à la ville, ils la regrettaient légèrement et la faisaient passer pour une nécessité de la vie moderne.

Les maisons à flanc de colline et les magasins le long de la rue Main appartenaient à la société minière. La compagnie minière, à son tour, appartenait aux fonctionnaires du chemin de fer. Le directeur de la mine avait un frère qui était surintendant de division. C'était le directeur de la mine qui se tenait près de la porte de la mine lorsque Cracked McGregor est mort. Il habitait une ville à une cinquantaine de kilomètres de là et s'y rendait le soir en train. Avec lui étaient les employés et même les sténographes des bureaux de la mine. Après cinq heures de l'après-midi, on ne voyait plus de cols blancs dans les rues de Coal Creek.

En ville, les hommes vivaient comme des brutes. Muets de travail, ils burent avidement dans le saloon de Main Street et rentrèrent chez eux pour battre leurs femmes. Parmi eux, un murmure sourd et constant se poursuivait. Ils ressentaient l'injustice de leur sort mais ne pouvaient pas l'exprimer de manière logique et lorsqu'ils pensaient aux hommes qui possédaient la mine, ils juraient bêtement, utilisant des serments ignobles même dans leurs pensées. Parfois, une grève éclatait et Barney Butterlips , un petit homme mince avec une jambe en liège, se tenait debout sur une boîte et faisait des discours sur la prochaine fraternité humaine. Une fois, une troupe de cavalerie fut déchargée des voitures et parcourut avec une batterie la rue principale. La batterie était composée de plusieurs hommes en uniforme marron. Ils ont installé une mitrailleuse Gatling au bout de la rue et la grève s'est calmée.

Un Italien qui vivait dans une maison à flanc de colline cultivait un jardin. Sa maison était le seul endroit magnifique de la vallée. Avec une brouette, il apportait de la terre des bois au sommet de la colline et on le voyait le dimanche aller et venir en sifflant joyeusement. L'hiver, il restait chez lui et faisait un dessin sur un bout de papier. Au printemps, il prit le dessin et y planta son jardin, utilisant chaque centimètre carré de son terrain. Lorsqu'une grève a éclaté, le directeur de la mine lui a dit de retourner au travail ou de quitter sa maison. Il pensa au jardin et au travail qu'il avait accompli et retourna à sa routine de travail à la mine. Pendant qu'il travaillait, les mineurs gravissaient la colline et détruisaient le jardin. Le lendemain, l'Italien rejoignit également les mineurs en grève.

Dans une petite cabane d'une pièce sur la colline vivait une vieille femme. Elle vivait seule et était horriblement sale. Dans sa maison, elle avait de vieilles chaises et tables cassées, ramassées en ville et entassées en si grande quantité qu'elle pouvait à peine se déplacer. Par temps chaud, elle s'asseyait au soleil devant la cabane, mâchant un bâton trempé dans du tabac. Les mineurs qui gravissaient la colline déversaient des morceaux de pain et des morceaux de viande de leurs seaux dans une boîte clouée à un arbre au bord de la route. La vieille femme les ramassait et les mangeait. Quand les soldats arrivaient en ville , elle marchait dans la rue en se moquant d'eux. "Beaux garçons! Des croûtes ! Les mecs ! Commis aux marchandises sèches ! leur criait-elle en marchant derrière la queue de leurs chevaux. Un jeune homme avec des lunettes sur le nez, monté sur un cheval gris, se retourna et cria à ses camarades : « Laissez-la tranquille, c'est la vieille Mère Misère elle-même.

Lorsque le grand garçon aux cheveux roux regardait les ouvriers et la vieille femme qui suivait les soldats , il ne sympathisait pas avec eux. Il les détestait. D'une certaine manière, il sympathisait avec les soldats. Son sang était ému à la vue d'eux marchant côte à côte. Il pensait qu'il y avait de l'ordre et de la décence dans la rangée d'hommes en uniforme se déplaçant silencieusement et rapidement et il aurait à moitié souhaité qu'ils détruisent la ville. Lorsque les grévistes ont détruit le jardin de l'Italien, il a été profondément touché et a parcouru la pièce devant sa mère en se proclamant. "Je les aurais tués si c'était mon jardin", a-t-il déclaré. "Je n'en aurais pas laissé un en vie." Dans son cœur, comme Cracked McGregor, il nourrissait sa haine des mineurs et de la ville. "C'est un endroit dont il faut sortir", a-t-il déclaré. "Si un homme n'aime pas être ici, qu'il se lève et s'en aille." Il se souvenait de son père travaillant et épargnant pour la ferme de la vallée. « Ils pensaient qu'il avait craqué mais il en savait plus qu'eux. Ils n'auraient pas osé toucher à un jardin qu'il avait planté.

Dans le cœur du fils du mineur, d'étranges pensées à demi formées commencèrent à trouver logement. Se souvenant dans ses rêves la nuit des colonnes mobiles d'hommes en uniforme, il a lu une nouvelle signification dans les bribes d'histoire ramassées à l'école et les mouvements des hommes de l'histoire ancienne ont commencé à avoir une signification pour lui. Un après-midi d'été, alors qu'il flânait devant l'hôtel de la ville, sous lequel se trouvaient le salon et la salle de billard où travaillait le garçon aux cheveux noirs, il entendit deux hommes parler de l'importance des hommes.

L'un des hommes était un oculiste itinérant qui venait une fois par mois dans la ville minière pour ajuster et vendre des lunettes. Lorsque l'oculiste avait vendu plusieurs paires de lunettes , il s'enivrait, restant parfois ivre pendant une semaine. Lorsqu'il était ivre , il parlait français et italien et se tenait parfois dans le bar devant les mineurs, citant les poèmes de Dante. Ses vêtements étaient gras à force de les avoir portés et il avait un énorme nez strié de veines rouges et violettes. En raison de son apprentissage des langues et de ses citations de poèmes, les mineurs pensaient que l'oculiste était infiniment sage. Il leur semblait qu'une personne dotée d'un tel esprit devait avoir des connaissances presque surnaturelles concernant les yeux et l'ajustement des lunettes et ils portaient avec fierté les objets bon marché et mal ajustés qu'il leur imposait.

Parfois, comme pour faire une concession à ses clients, l'oculiste passait une soirée parmi eux. Un jour, après avoir récité l'un des sonnets de Shakespeare , il posa la main sur le bar et, se balançant doucement d'avant en arrière, chanta d'une voix brisée par l'alcool une ballade commençant par "La harpe qui, une fois dans les couloirs de Tara, répandit l'âme de la musique". Après la chanson, il posa la tête sur le bar et pleura tandis que les mineurs le regardaient touchés de sympathie.

Un après-midi d'été, lorsque Beaut McGregor écoutait, l'oculiste était engagé dans une violente querelle avec un autre homme, ivre comme lui. Le deuxième homme était un type mince et élégant, d'âge moyen, qui vendait des chaussures pour une entreprise de travail à Philadelphie. Il s'est assis sur une chaise inclinée contre l'hôtel et a essayé de lire un livre à haute voix. Lorsqu'il fut lancé dans un long paragraphe, l'oculiste l'interrompit. En titubant de long en large sur l'étroite promenade devant l'hôtel, le vieil ivrogne délirait et jurait. Il semblait hors de lui, rempli de colère.

« J'en ai marre de cette philosophie baveuse », a-t-il déclaré. « Même sa lecture fait saliver. Vous ne prononcez pas les mots avec acuité, et ils ne peuvent pas être prononcés avec acuité. Je suis moi-même un homme fort.

Écartant largement les jambes et gonflant ses joues, l'oculiste se frappa la poitrine. D'un geste de la main, il renvoya l'homme assis sur la chaise.

« Vous ne faites que baver et faire un bruit immonde », a-t-il déclaré. «Je connais ton genre. Je t'ai craché dessus. Le Congrès de Washington est plein de gens de ce genre, tout comme la Chambre des Communes d'Angleterre. En France, ils étaient autrefois aux commandes. Ils ont dirigé les choses en France jusqu'à l'arrivée d'un homme comme moi. Ils ont été perdus dans l'ombre du grand Napoléon.

L'oculiste, comme pour chasser l'homme dandifié de son esprit, se tourna vers Beaut . Il parlait en français et l'homme assis dans le fauteuil tomba dans un sommeil troublé. «Je suis comme Napoléon», déclara l'ivrogne en interrompant à nouveau l'anglais. Les larmes commencèrent à apparaître dans ses yeux. « Je prends l'argent de ces mineurs et je ne leur donne rien. Les lunettes que je vends à leurs femmes pour cinq dollars ne me coûtent que quinze cents. Je chevauche ces brutes comme Napoléon chevauchait l'Europe. Il y aurait de l'ordre et un but en moi si je n'étais pas un imbécile. Je suis comme Napoléon en ce sens que j'ai un mépris total pour les hommes.

Encore et encore, les paroles de l'ivrogne revenaient dans l'esprit du garçon McGregor, influençant ses pensées. Ne saisissant rien de la philosophie des mots de l'homme, son imagination était pourtant touchée par l'histoire de l'ivrogne du grand Français, balbutiée à ses oreilles, et cela semblait d'une certaine manière mettre en évidence sa haine de l'inefficacité désorganisée de la vie qui l'entourait. .

Après que Nance McGregor ait ouvert la boulangerie , une autre grève est venue perturber la prospérité de l'entreprise. De nouveau, les mineurs marchaient paresseusement dans les rues. Dans la boulangerie, ils sont venus chercher du pain et ont dit à Nance d'écrire la dette à leur charge. Beaut McGregor était perturbée. Il voyait l'argent de son père dépensé pour acheter de la farine qui, une fois cuite sous forme de pains, sortait du magasin sous les bras des mineurs qui marchaient en traînant les pieds. Une nuit, un homme dont le nom figurait sur leurs livres, suivi d'une longue liste de pains chargés, passa devant la boulangerie. McGregor est allé voir sa mère et a protesté. « Ils ont de l'argent pour se saouler, dit-il, qu'ils payent leur pain. »

Nance McGregor a continué à faire confiance aux mineurs. Elle pensa aux femmes et aux enfants dans les maisons de la colline et lorsqu'elle entendit parler des projets de la société minière visant à expulser les mineurs de leurs maisons, elle frissonna. « J'étais l'épouse d'un mineur et je resterai fidèle à eux », pensa-t-elle.

Un jour, le directeur de la mine est entré dans la boulangerie. Il se pencha au-dessus de la vitrine et parla à Nance. Le fils est allé se tenir aux côtés de sa mère pour écouter. « Il faut arrêter cela », disait le manager. « Je ne vous verrai pas vous ruiner pour ce bétail. Je veux que vous fermiez cet endroit jusqu'à la fin de la grève. Si vous ne le fermez pas, je le ferai. Le bâtiment nous appartient. Ils n'ont pas apprécié ce que votre mari a fait et pourquoi devriez-vous vous ruiner pour eux ?

La femme le regarda et répondit d'une voix basse et pleine de résolution. «Ils pensaient qu'il était fou et il l'était», dit-elle; « Mais qu'est-ce qui l'a rendu ainsi ? Les bois pourris de la mine qui l'ont brisé et écrasé. C'est vous et non eux qui êtes responsables de mon homme et de ce qu'il était.

Beaut McGregor l'interrompit. " Eh bien , je pense qu'il a raison", déclarat-il en se penchant sur le comptoir à côté de sa mère et en la regardant en face. « Les mineurs ne veulent pas de meilleures choses pour leurs familles, ils veulent plus d'argent pour se saouler. Nous fermerons les portes ici. Nous ne mettrons plus d'argent dans le pain pour aller dans leurs gosiers. Ils détestaient mon père et il les détestait et maintenant je les déteste aussi.

Beaut contourna le comptoir et accompagna le directeur de la mine jusqu'à la porte. Il l'a verrouillé et a mis la clé dans sa poche. Puis il se dirigea vers l'arrière de la boulangerie où sa mère était assise sur une boîte en pleurant. « Il est temps qu'un homme prenne les choses en main ici », a-t-il déclaré.

Nance McGregor et son fils étaient assis dans la boulangerie et se regardaient. Des mineurs sont venus dans la rue, ont essayé la porte et sont repartis en grommelant. La nouvelle courait de bouche en bouche sur le flanc de la colline. « Le directeur de la mine a fermé l'atelier de Nance McGregor », ont déclaré les femmes penchées par-dessus les clôtures. Les enfants étalés sur le sol des maisons relevaient la tête et hurlaient. Leur vie était une succession de nouvelles terreurs. Lorsqu'un jour passait sans qu'une nouvelle terreur ne les ébranlât , ils se couchaient heureux. Lorsque le mineur et sa femme se tenaient près de la porte et discutaient à voix basse, ils pleuraient, s'attendant à être couchés affamés. Comme les conversations prudentes ne se poursuivaient pas près de la porte, le mineur rentrait ivre et battait la mère et les enfants s'étendaient dans des lits le long du mur, tremblants d'effroi.

Tard dans la nuit, un groupe de mineurs s'est présenté à la porte de la boulangerie et l'a frappée à coups de poing. "Ouvrez ici!" ils ont crié. Beaut sortit des pièces au-dessus de la boulangerie et se tint dans la boutique vide. Sa mère était assise sur une chaise dans sa chambre et tremblait. Il se dirigea vers la porte et la déverrouilla et sortit. Les mineurs se tenaient en groupes sur le trottoir en bois et dans la boue de la route. Parmi eux se tenait la vieille vieille qui marchait à côté des chevaux et criait après les soldats. Un mineur à la barbe noire vint se placer devant le garçon. En agitant la main vers la foule, il a déclaré : « Nous sommes venus ouvrir la boulangerie. Certains d'entre nous n'ont pas de four dans leurs cuisinières. Vous nous donnez la clé et nous ouvrirons le lieu. Nous enfoncerons la porte si vous ne voulez pas faire ça. L'entreprise ne peut pas vous en vouloir si nous le faisons par la force. Vous pouvez tenir compte de ce que nous prenons. Ensuite, lorsque la grève sera réglée , nous vous paierons.

Une flamme jaillit dans les yeux du garçon. Il descendit les marches et se tint parmi les mineurs. Enfonçant ses mains dans ses poches, il scruta leurs visages. Lorsqu'il parla, sa voix résonna dans la rue : « Vous vous êtes moqué de mon père, Cracked McGregor, lorsqu'il est entré dans la mine pour vous. Vous vous êtes moqué de lui parce qu'il a économisé son argent et ne l'a pas dépensé pour vous acheter des boissons. Maintenant, vous venez ici pour acheter du pain avec votre argent et vous ne payez pas. Ensuite, vous vous enivrez et vous passez cette porte en titubant. Maintenant, laisse-moi te dire quelque chose. Il leva les mains en l'air et cria. « Le directeur de la mine n'a pas fermé cet endroit. Je l'ai fermé. Vous vous êtes moqué de Cracked McGregor, un homme meilleur que n'importe lequel d'entre vous. Vous vous êtes amusé avec moi, vous vous êtes moqué de moi. Maintenant, je me moque de toi. Il monta les marches en courant et déverrouilla la porte dans l'embrasure de la porte. « Payez l'argent que vous devez à cette boulangerie et il y aura du pain à vendre ici », a-t-il appelé, puis il est entré et a verrouillé la porte.

Les mineurs sont partis dans la rue. Le garçon se tenait dans la boulangerie, les mains tremblantes. «Je leur ai dit quelque chose», pensa-t-il, «je leur ai montré qu'ils ne pouvaient pas se moquer de moi.» Il monta l'escalier menant aux chambres du dessus. Près de la fenêtre, sa mère était assise, la tête dans les mains, regardant la rue. Il s'assit sur une chaise et réfléchit à la situation. "Ils reviendront ici et détruiront l'endroit comme s'ils avaient détruit ce jardin", a-t-il déclaré.

Le lendemain soir, Beaut était assis dans l'obscurité sur les marches devant la boulangerie. Dans ses mains, il tenait un marteau. Une sourde haine de la ville et des mineurs lui brûlait le cerveau. «Je vais faire en sorte que certains d'entre eux viennent ici», pensa-t-il. Il espérait qu'ils viendraient. Alors qu'il regardait le marteau qu'il tenait à la main, une phrase sortie des lèvres du vieil oculiste ivre de Napoléon lui vint à l'esprit. Il commença à penser qu'il devait aussi ressembler à la silhouette dont avait parlé l'ivrogne. Il se souvint d'une histoire que l'oculiste lui avait racontée concernant une bagarre dans les rues d'une ville européenne et marmonna et agita le marteau. A l'étage, sa mère était assise près de la fenêtre, la tête dans les mains. Du salon en bas de la rue, une lumière brillait sur le trottoir mouillé. La grande femme pâle qui l'avait accompagné jusqu'à l'éminence qui domine la vallée descendit l'escalier au-dessus de l'atelier des pompes funèbres. Elle a couru sur le trottoir. Sur sa tête, elle portait un châle et, tout en courant , elle le tenait dans sa main. L'autre main qu'elle tenait contre son côté.

Lorsque les femmes atteignirent le garçon qui était assis en silence devant la boulangerie , elle posa ses mains sur ses épaules et le supplia. «Viens», dit-elle. « Va chercher ta mère et viens chez nous. Ils vont vous écraser ici. Vous serez blessé.

Beaut se leva et la repoussa. Sa venue lui avait donné un nouveau courage. Son cœur fit un bond à la pensée de l'intérêt qu'elle lui portait et il souhaitait que les mineurs viennent pour qu'il puisse les combattre avant elle. «J'aimerais pouvoir vivre parmi des gens aussi honnêtes qu'elle», pensa-t-il.

Un train s'est arrêté à la gare en bas de la rue. On entendit le bruit du piétinement des hommes et des ordres rapides et précis. Un flot d'hommes sortit du saloon sur le trottoir. Dans la rue, une file de soldats arrivait, leurs fusils sur les épaules. Encore Beaut était enthousiasmé par la vue d'infirmiers entraînés se déplaçant épaule contre épaule. En présence de ces hommes, les mineurs désorganisés semblaient pitoyablement faibles et insignifiants. La jeune fille enfila le châle autour de sa tête et courut dans la rue pour disparaître dans l'escalier. Le garçon ouvrit la porte et monta se coucher.

Après la grève, Nance McGregor, qui ne possédait que des comptes impayés, n'a pas pu ouvrir la boulangerie. Un petit homme à moustache blanche, qui chiquait du tabac, sortit du moulin, prit la farine inutilisée et l'expédia. Le garçon et sa mère ont continué à vivre au-dessus de la boulangerie. Le matin encore , elle allait laver les vitres et nettoyer les sols des bureaux de la mine et son fils aux cheveux roux se tenait dans la rue ou s'asseyait dans la salle de billard et parlait au garçon aux cheveux noirs. « La semaine prochaine, j'irai en ville et je commencerai à faire quelque chose de moi-même », a-t-il déclaré. Quand le moment était venu de partir, il attendait et flânait dans les rues. Un jour, alors qu'un mineur se moquait de lui pour son oisiveté , il le jeta dans le caniveau. Les mineurs qui le détestaient pour son discours sur les marches l'admiraient pour sa force et son courage brut.

CHAPITRE IV

Dans une maison aux allures de cave, enfoncée comme un pieu dans la colline au-dessus de Coal Creek, vivait Kate Hartnet avec son fils Mike. Son homme était mort avec les autres lors de l'incendie de la mine. Son fils, comme Beaut McGregor, ne travaillait pas à la mine. Il traversait Main Street en toute hâte ou courait à moitié parmi les arbres des collines. Les mineurs le voyant se précipiter avec son visage blanc et intense secouèrent la tête. « Il est fêlé », ont-ils dit. "Il va encore blesser quelqu'un ."

Beaut vit Mike courir dans les rues. Une fois qu'il l'a rencontré dans la forêt de pins au-dessus de la ville, il l'a accompagné et a essayé de le faire parler. Dans ses poches, Mike transportait des livres et des brochures. Il installait des pièges dans les bois et ramenait chez lui des lapins et des écureuils. Il rassemblait des collections d'œufs d'oiseaux qu'il vendait aux femmes dans les trains qui s'arrêtaient à Coal Creek et lorsqu'il attrapait des oiseaux, il les emparait, mettait des perles dans leurs orbites et les vendait également. Il se proclamait anarchiste et, comme Cracked McGregor, marmonnait tout en se dépêchant.

Un jour, Beaut a surpris Mike Hartnet en train de lire un livre alors qu'il était assis sur une bûche surplombant la ville. Un choc parcourut McGregor lorsqu'il regarda par-dessus l'épaule de l'homme et vit quel livre il lisait. « Il est étrange, pensa-t-il, que cet homme s'en tienne au même livre avec lequel le gros vieux Weeks gagne sa vie. »

Beaut s'assit sur la bûche à côté de Hartnet et le regarda. Le lecteur leva les yeux et hocha nerveusement la tête, puis se glissa le long de la bûche jusqu'à l'extrémité la plus éloignée. Beaut rit. Il baissa les yeux sur la ville, puis sur l'homme nerveux et effrayé qui lisait un livre sur le journal. Une inspiration lui est venue.

« Si vous aviez le pouvoir, Mike, que feriez-vous à Coal Creek ? » Il a demandé.

L'homme nerveux sursauta et les larmes lui montèrent aux yeux. Il se tenait devant la bûche et étendait les mains. « J'irais parmi des hommes comme le Christ », s'écria-t-il en haussant la voix comme s'il s'adressait à un auditoire. « Pauvre et humble, j'irais leur apprendre l'amour. » Étendant les mains comme quelqu'un prononçant une bénédiction, il cria : « Oh hommes de Coal Creek, je vous apprendrais l'amour et la destruction du mal. »

Beaut sauta du rondin et se dirigea vers la silhouette tremblante. Il était étrangement ému. Saisissant l' homme , il le repoussa sur la bûche. Sa propre voix dévalait la colline dans un grand rire rugissant. « Hommes de Coal Creek

», a-t-il crié, imitant le sérieux de Hartnet , « écoutez la voix de McGregor. Je te déteste. Je te déteste parce que tu t'es moqué de mon père et de moi et parce que tu as trompé ma mère, Nance McGregor. Je te déteste parce que tu es faible et désorganisé comme du bétail. J'aimerais venir parmi vous pour enseigner le pouvoir de la force. Je voudrais vous tuer un par un, non pas avec des armes mais à poings nus. S'ils vous ont fait travailler comme des rats enfouis dans un trou , ils ont raison. C'est le droit de l'homme de faire ce qu'il peut. Levez-vous et combattez. Combattez et je passerai de l'autre côté et vous pourrez me combattre. Je vais t'aider à te ramener dans tes trous.

Beaut cessa de parler et sauta par-dessus les bûches et courut sur la route. Parmi les premières maisons de mineurs , il s'arrêta et rit maladroitement. « Moi aussi, je suis fêlé », pensa-t-il, « en train de crier contre le vide à flanc de colline ». Il continua d'humeur réfléchie, se demandant quel pouvoir s'était emparé de lui. «Je voudrais un combat, un combat contre toute attente», pensa-t-il. "Je ferai bouger les choses quand je serai avocat dans la ville."

Mike Hartnet est arrivé en courant sur les talons de McGregor. «Ne le dis pas», plaide-t-il en tremblant. « Ne parlez pas de moi en ville. Ils riront et insulteront mon nom. Je veux qu'on me laisse tranquille.

Beaut se dégagea de la main qui la retenait et descendit la colline. Lorsqu'il fut hors de vue de Hartnet , il s'assit par terre. Pendant une heure, il regarda la ville dans la vallée et pensa à lui-même. Il était à moitié fier, à moitié honteux de ce qui s'était passé.

Dans les yeux bleus de McGregor, la colère éclata rapidement et soudainement. Dans les rues de Coal Creek, il marchait en se balançant, son grand corps inspirant la peur. Sa mère, devenue grave et silencieuse, travaillait dans les bureaux des mines. De nouveau, elle avait pris l'habitude de garder le silence dans sa propre maison et regardait son fils, à moitié effrayée. Toute la journée, elle travaillait dans les bureaux de la mine et le soir, elle s'asseyait silencieusement sur une chaise sous le porche devant sa maison et regardait Main Street.

Beaut McGregor n'a rien fait. Il s'asseyait dans la petite salle de billard miteuse et discutait avec le garçon aux cheveux noirs ou marchait à travers les collines en balançant un bâton à la main et en pensant à la ville dans laquelle il irait bientôt pour commencer sa carrière. Alors qu'il marchait dans les rues, les femmes s'arrêtaient pour le regarder, pensant à la beauté et à la force de son corps en pleine maturité. Les mineurs le dépassaient en silence, le haïssant et redoutant sa colère. En marchant parmi les collines, il avait une grande estime de lui-même. « Je suis capable de tout », pensa-t-il en levant la tête et en regardant les imposantes collines. « Je me demande pourquoi je reste ici. »

Quand il avait dix-huit ans, la mère de Beaut tomba malade. Toute la journée, elle resta allongée sur le dos, dans la chambre au-dessus de la boulangerie vide. Beaut sortit de sa stupeur éveillée et partit chercher du travail. Il ne s'était pas senti indolent. Il attendait. Maintenant, il se remuait. "Je n'irai pas dans les mines", a-t-il déclaré, "rien ne m'y mènera."

Il a trouvé du travail dans une écurie pour nettoyer et nourrir les chevaux. Sa mère s'est levée et a recommencé à se rendre aux bureaux de la mine. Ayant commencé à travailler, Beaut y resta, pensant que ce n'était qu'une étape vers le poste qu'il occuperait un jour dans la ville.

Dans l'écurie travaillaient deux jeunes garçons, fils de mineurs de charbon. Ils conduisaient les voyageurs des trains vers les villes agricoles dans les vallées au milieu des collines et le soir avec Beaut McGregor, ils s'asseyaient sur un banc devant la grange et criaient aux gens qui passaient devant l'écurie en haut de la colline.

L'écurie de pension de Coal Creek appartenait à un bossu nommé Weller qui vivait en ville et rentrait chez lui le soir. Pendant la journée, il restait assis dans l'écurie et discutait avec McGregor aux cheveux roux. "Tu es une grosse bête", dit-il en riant. « Vous parlez de partir en ville et de faire quelque chose de vous-même et vous restez ici à ne rien faire. Vous voulez arrêter de parler d'avocat et devenir un boxeur. Le droit est un lieu pour le cerveau, pas pour les muscles. Il traversait les écuries en penchant la tête de côté et en regardant le gros gaillard qui brossait les chevaux. McGregor le regarda et sourit. «Je vais vous montrer», dit-il.

Le bossu était content lorsqu'il se pavanait devant McGregor. Il avait entendu des hommes parler de la force et du mauvais caractère de son palefrenier et cela lui plaisait d'avoir un homme aussi féroce qui nettoyait les chevaux. La nuit, en ville, il s'asseyait sous la lampe avec sa femme et se vantait. «Je le fais marcher», dit-il.

Dans l'écurie, le bossu se tenait aux trousses de McGregor. « Et il y a autre chose », dit-il en mettant la main dans ses poches et en se mettant sur la pointe des pieds. « Faites attention à la fille de cet entrepreneur de pompes funèbres. Elle te veut. Si elle vous réussit, il n'y aura pas d'études de droit mais une place dans les mines pour vous. Laissez-la tranquille et commencez à prendre soin de votre mère.

Beaut continuait à nettoyer les chevaux et à réfléchir à ce que le bossu avait dit. Il pensait que cela avait du sens. Il avait aussi peur de la grande fille pâle.

Parfois, lorsqu'il la regardait, une douleur le traversait et un mélange de peur et de désir l'envahissait. Il s'en est éloigné et s'est libéré tout comme il s'était libéré de la vie dans l'obscurité de la mine. "Il a une sorte de génie pour se tenir à l'écart des choses qu'il n'aime pas ", a déclaré le livreur en discutant avec l'oncle Charlie Wheeler au soleil devant la porte du bureau de poste.

Un après-midi, les deux garçons qui travaillaient dans l'écurie avec McGregor l'ont saoulé. L'affaire était une grossière plaisanterie, minutieusement planifiée. Le bossu était resté dans la ville pour la journée et aucun voyageur ne descendait des trains pour traverser les collines. Dans l'après-midi, le foin apporté de la vallée fertile par la colline était mis dans le grenier de la grange et, entre les chargements, McGregor et les deux garçons étaient assis sur le banc près de la porte de l'écurie. Les deux garçons se rendirent au saloon et rapportèrent de la bière, en la payant avec un fonds réservé à cet effet. Ce fonds est le résultat d'un système élaboré par les deux chauffeurs. Lorsqu'un passager donnait à l'un d'eux une pièce de monnaie à la fin d'une journée de conduite , il la versait dans le fonds commun. Quand le fonds eut atteint une certaine taille, ils allèrent tous deux au saloon et restèrent devant le bar à boire jusqu'à ce qu'il soit dépensé, puis revinrent dormir de leur stupeur sur le foin dans la grange. Après une semaine prospère, le bossu leur donnait parfois un dollar pour le fonds.

De la bière, McGregor n'a bu qu'un seul verre moussant. Malgré toutes ses promenades à Coal Creek, il n'avait jamais goûté de bière auparavant et elle était forte et amère dans sa bouche. Il releva la tête et l'avala puis se tourna et se dirigea vers l'arrière de l'écurie pour cacher les larmes que le goût de la chose lui avait fait monter aux yeux.

Les deux pilotes se sont assis sur le banc et ont ri. La boisson qu'ils avaient donnée à Beaut était un horrible gâchis concocté par le barman rieur à leur suggestion. « Nous allons saouler ce grand gaillard et l'entendre rugir », avait dit le barman.

Alors qu'il se dirigeait vers l'arrière de l'écurie, une nausée convulsive saisit Beaut . Il trébucha et tomba en avant, se coupant le visage par terre. Puis il se retourna sur le dos et gémit et un petit filet de sang coula sur sa joue.

Les deux garçons sautèrent du banc et coururent vers lui. Ils regardèrent ses lèvres pâles. La peur les a saisis. Ils essayèrent de le soulever mais il tomba de leurs bras et retomba sur le sol de l'écurie, blanc et immobile. Remplis de peur, ils ont couru hors de l'écurie et ont traversé Main Street. « Il nous faut un médecin », dirent-ils en se dépêchant. « Il est très malade, cet homme-là. »

Dans l'embrasure de la porte menant aux pièces situées au-dessus du magasin de pompes funèbres se tenait une grande fille pâle. L'un des garçons qui couraient s'est arrêté et lui a dit : « Votre roux, cria-t-il, est ivre aveugle, allongé sur le sol de l'écurie. Il s'est coupé la tête et saigne.

La grande fille a couru dans la rue jusqu'aux bureaux de la mine. Avec Nance McGregor, elle se précipita vers l'écurie. Les commerçants de Main Street ont regardé par l'extérieur et ont vu les deux femmes pâles et aux visages figés portant à moitié l'énorme forme de Beaut McGregor le long de la rue et à la porte de la boulangerie.

À huit heures du soir, Beaut McGregor, les jambes encore instables, le visage blanc, monta à bord d'un train de voyageurs et sortit de la vie de Coal Creek. Sur le siège à côté de lui, un sac contenait tous ses vêtements. Dans sa poche se trouvaient un billet pour Chicago et quatre-vingt-cinq dollars, les dernières économies de Cracked McGregor. Il regarda par la vitre de la voiture la petite femme maigre et usée qui se tenait seule sur le quai de la gare et une grande vague de colère le parcourut. « Je vais leur montrer », marmonna-t-il. La femme le regarda et se força à sourire. Le train commença à se diriger vers l'ouest. Beaut regarda sa mère et les rues désertes de Coal Creek et posa sa tête sur ses mains et dans la voiture bondée devant les gens bouche bée qui pleuraient de joie d'avoir vu la fin de sa jeunesse. Il regarda Coal Creek, plein de haine. Comme Néron, il aurait pu souhaiter que tous les habitants de la ville n'aient qu'une seule tête pour pouvoir la couper d'un coup d'épée ou la jeter dans le caniveau d'un seul coup.

LIVRE II

CHAPITRE I

C'était à la fin de l'été 1893 que McGregor arriva à Chicago, une période difficile pour un garçon ou un homme dans cette ville. La grande exposition de l'année précédente avait attiré des milliers d' ouvriers agités dans la ville et ses citoyens dirigeants, qui réclamaient l' exposition et parlaient haut et fort de la grande croissance à venir, ne savaient que faire de cette croissance. maintenant que c'était arrivé. La dépression qui a suivi le grand spectacle et la panique financière qui a envahi le pays cette année-là ont poussé des milliers d'hommes affamés à attendre bêtement sur des bancs de parc, penchés sur les annonces de recherche dans les quotidiens et regardant d'un air vide le lac ou le lac. les avait poussés à marcher sans but dans les rues, remplis de pressentiments.

En période d'abondance, une grande ville américaine comme Chicago continue de montrer au monde un visage plus ou moins joyeux tandis que dans les coins et recoins des rues et des ruelles, la pauvreté et la misère se recroquevillent dans de petites pièces malodorantes engendrant le vice. En période de dépression, ces créatures rampent et se joignent à des milliers de chômeurs qui parcourent les rues pendant de longues nuits ou dorment sur les bancs des parcs. Dans les ruelles de Madison Street, dans le West Side, et de State Street, dans le South Side, des femmes avides, poussées par le besoin, vendaient leur corps aux passants pour vingt-cinq cents. Une annonce dans les journaux concernant un emploi non pourvu a amené un millier d'hommes à bloquer les rues en plein jour devant les portes d'une usine. Dans la foule, les hommes se juraient et se bousculaient. Les ouvriers désespérés sortaient dans les rues tranquilles et les citoyens renversés prenaient leur argent et leurs montres et couraient en tremblant dans l'obscurité. Une fille de la 24ème rue a été frappée à coups de pied et jetée dans le caniveau parce que, attaquée par des voleurs, elle n'avait que trente-cinq cents dans son sac à main. Un professeur de l'Université de Chicago s'adressant à sa classe a déclaré qu'après avoir observé les visages déformés et affamés de cinq cents hommes réclamant un poste de plongeur dans un restaurant bon marché, il était prêt à déclarer que toutes les prétentions au progrès social en Amérique étaient une fiction. le cerveau des imbéciles optimistes. Un grand homme maladroit qui marchait dans State Street a jeté une pierre à travers la vitrine d'un magasin. Un policier l'a poussé à travers la foule. « Vous serez condamné à une peine de prison pour cela », a-t-il déclaré.

« Espèce d'imbécile, c'est ce que je veux. Je veux que les biens qui ne m'emploient pas me nourrissent », a déclaré le grand homme décharné qui, formé dans la pauvreté plus propre et plus saine de la frontière, aurait pu être un Lincoln souffrant pour l'humanité.

Dans ce tourbillon de misère et de besoin désespéré, Beaut McGregor de Coal Creek marchait – énorme, sans grâce de corps, indolent d'esprit, sans formation, sans éducation, détestant le monde. En deux jours, il avait remporté, sous les yeux mêmes de cette armée affamée en marche, trois prix, trois places où un homme pouvait, en travaillant toute la journée, obtenir des vêtements à porter sur le dos et de la nourriture à mettre dans son estomac.

D'une certaine manière, McGregor avait déjà pressenti quelque chose dont la réalisation contribuerait grandement à faire de n'importe quel homme une figure forte dans le monde. Il ne fallait pas qu'il se laisse intimider par des mots. Des orateurs auraient pu lui prêcher toute la journée sur les progrès de l'humanité en Amérique, des drapeaux auraient pu flotter et les journaux auraient pu lui raconter les merveilles de son pays dans son cerveau. Il aurait seulement secoué sa grosse tête. Il ne connaissait pas encore toute l'histoire de la façon dont les hommes, venus d'Europe et dotés de millions de kilomètres carrés de terres noires et fertiles, de mines et de forêts, ont échoué dans le défi que leur avait lancé le destin et n'ont produit que des produits hors de l'ordre majestueux de la nature. le sordide désordre de l'homme. McGregor ne connaissait pas l'intégralité de l'histoire tragique de sa race. Il savait seulement que les hommes qu'il avait vus étaient pour la plupart des pygmées. Dans le train à destination de Chicago, un changement s'était produit en lui. La haine de Coal Creek qui brûlait en lui avait enflammé autre chose. Il regardait par la fenêtre de la voiture les gares qui passaient pendant la nuit et le lendemain les champs de maïs de l'Indiana, faisant ses plans. À Chicago, il avait l'intention de faire quelque chose. Issu d'une communauté où aucun homme ne s'élevait au-dessus d'une condition de travail brutal et silencieux , il avait l'intention de s'élever vers la lumière du pouvoir. Rempli de haine et de mépris envers l'humanité, il voulait dire que l'humanité devait le servir. Élevé parmi des hommes qui n'étaient que des hommes, il entendait être un maître.

Et son équipement était meilleur qu'il ne le pensait. Dans un monde désordonné et aléatoire, la haine est une impulsion aussi efficace pour pousser les hommes vers le succès que l'amour et les grands espoirs. C'est une impulsion vieille du monde qui sommeille dans le cœur de l'homme depuis l'époque de Caïn. D'une certaine manière, cela sonne vrai et fort au-dessus du bruit hideux de la vie moderne. Inspirant la peur, il usurpe le pouvoir.

McGregor était sans crainte. Il n'avait pas encore rencontré son maître et regardait avec mépris les hommes et les femmes qu'il avait connus. Sans le savoir, il possédait, outre un corps énorme, dur comme inflexible, un cerveau clair et lucide. Le fait qu'il détestait Coal Creek et qu'il trouvait cela horrible prouvait son enthousiasme. C'était horrible. Chicago aurait bien pu trembler et les hommes riches se promenant le soir sur Michigan Boulevard auraient regardé autour d'eux avec crainte tandis que cet énorme individu rouge, portant le sac à main bon marché et fixant de ses yeux bleus les foules agitées et mouvantes, traversait pour la première fois son des rues. Dans son corps même, il y avait la possibilité de quelque chose, un coup, un choc, une poussée de l'âme maigre de la force dans la chair gélatineuse de la faiblesse.

Dans le monde des hommes, rien n'est plus rare que la connaissance des hommes. Le Christ lui-même a trouvé les marchands vendant leurs marchandises même sur le sol du temple et, dans sa jeunesse naïve, il s'est mis en colère et les a poussés à franchir la porte comme des mouches. Et l'histoire l'a représenté à son tour comme un homme de paix, de sorte qu'après ces siècles, les temples sont à nouveau soutenus par le colportage de marchandises et que sa belle colère d'enfant soit oubliée. En France, après la grande révolution et le bavardage de nombreuses voix parlant de la fraternité des hommes, il ne manquait qu'un homme petit et très déterminé, doté d'une connaissance instinctive des tambours, des canons et des paroles émouvantes, pour envoyer crier les mêmes bavards à travers les espaces ouverts, trébuchant dans les fossés et tombant tête baissée dans les bras de la mort. Dans l'intérêt de celui qui ne croyait pas du tout à la fraternité des hommes, ceux qui avaient pleuré à l'évocation du mot fraternité moururent en combattant des frères.

Dans le cœur de tous les hommes sommeille l'amour de l'ordre. Comment parvenir à l'ordre à partir de notre étrange fouillis de formes, de démocraties et de monarchies, de rêves et d'efforts , est l'énigme de l'Univers et ce que chez l'artiste s'appelle la passion pour la forme et pour laquelle il rira aussi au nez. la mort est chez tous les hommes. En comprenant ce fait, César, Alexandre, Napoléon et notre propre Grant ont fait des héros les mottes les plus ennuyeuses qui marchent et non d'un homme parmi les milliers qui ont marché avec Sherman jusqu'à la mer mais ont vécu le reste de leur vie avec quelque chose de plus doux, de plus courageux. et un sommeil plus agréable dans son âme que ne le fera jamais le réformateur grondant la fraternité dans une boîte à savon. La longue marche, la brûlure de la gorge et le picotement de la poussière dans les narines, le contact épaule contre épaule, le lien rapide d'une passion commune, incontestée, instinctive qui éclate dans l'orgasme du combat, l'oubli des mots et l'accomplissement de la chose, qu'il s'agisse de gagner des batailles ou de détruire la laideur, le rassemblement passionné d'hommes en vue de l'accomplissement - tels sont les signes, s'ils se réveillent un jour dans notre pays, par lesquels vous saurez que vous êtes arrivés aux jours de la création de Hommes.

À Chicago en 1893 et chez les hommes qui cherchaient sans but du travail dans les rues de Chicago cette année-là, il n'y avait aucun de ces signes. Comme la ville minière d'où Beaut McGregor était originaire, la ville s'étendait devant lui, tentaculaire et inefficace, une demeure sordide et désordonnée pour des millions d'hommes, construite non pas pour faire des hommes mais pour faire des millions par quelques abattoirs de viande. et les marchands de marchandises sèches .

En soulevant légèrement ses grandes épaules, McGregor sentit ces choses, même s'il n'aurait pas pu les exprimer, et la haine et le mépris des hommes, nés de sa jeunesse dans la ville minière, furent ravivés par la vue d'hommes de la ville errant, effrayés et inquiets. perplexes dans les rues de leur propre ville.

Ne connaissant rien des coutumes des chômeurs, McGregor ne parcourait pas les rues à la recherche de pancartes indiquant « Hommes recherchés ». Il ne s'asseyait pas sur les bancs du parc pour étudier les annonces de recherche, les annonces de recherche qui se révélaient si souvent être des appâts lancés par des hommes suaves dans des escaliers sales pour glaner les derniers centimes dans les poches des nécessiteux. En parcourant la rue, il balançait son grand corps à travers les portes menant aux bureaux des usines. Lorsqu'un jeune homme effronté essayait de l' arrêter , il ne disait rien mais retira son poing d'un air menaçant et, un regard noir, entra. Les jeunes hommes aux portes des usines regardaient ses yeux bleus et le laissaient passer sans problème.

Dans l'après-midi de son premier jour de recherche, Beaut obtint une place dans un entrepôt de pommes du North Side, la troisième place qui lui était offerte dans la journée et celle qu'il accepta. L'occasion lui est venue grâce à une démonstration de force. Deux hommes, vieux et courbés, luttaient pour faire passer un baril de pommes du trottoir jusqu'à une plate-forme qui s'étendait jusqu'à la taille devant l'entrepôt. Le baril avait roulé sur le trottoir depuis un camion stationné dans le caniveau. Le conducteur du camion, les mains sur les hanches, riait. Un Allemand aux cheveux blonds se tenait sur la plate-forme et jurait dans un anglais approximatif. McGregor se tenait sur le trottoir et regardait les deux hommes qui se débattaient avec le canon. Un immense mépris pour leur faiblesse brillait dans ses yeux. Les écartant, il saisit le tonneau et, d'un grand coup, l'envoya sur la plate-forme et tournoya à travers une porte ouverte vers la salle de réception de l'entrepôt. Les deux ouvriers se tenaient sur le trottoir avec un sourire penaud. De l'autre côté de la rue, un groupe de pompiers de la ville qui se prélassaient au soleil devant une salle des machines applaudissait. Le chauffeur du camion s'est retourné et s'est préparé à envoyer un autre baril le long de la planche qui s'étendait du camion à travers le trottoir jusqu'à la plate-forme de l'entrepôt. À une fenêtre dans la partie supérieure de l'entrepôt, une tête grise dépassait et une voix aiguë s'adressait au grand Allemand. "Hé Frank, engage ce 'husky' et laisse environ six des morts que tu as ici rentrer chez eux."

McGregor sauta sur la plate-forme et entra par la porte de l'entrepôt. L'Allemand le suivit, faisant l'inventaire de la taille du géant aux cheveux roux avec quelque chose comme de la désapprobation. Son regard semblait dire : « J'aime les hommes forts mais tu es trop fort. » Il prit la déconfiture des deux faibles ouvriers sur le trottoir comme une réflexion sur lui-même. Les deux hommes se tenaient dans la salle de réception et se regardaient. Un passant aurait pu croire qu'ils se préparaient à se battre.

Et puis un monte-charge descendit lentement de la partie supérieure de l'entrepôt et de là sauta un petit homme aux cheveux gris avec un mètre à la main. Il avait un œil vif et agité et une courte barbe grise et trapue. Frappant le sol d'un bond, il commença à parler. « Ici, nous payons deux dollars pour neuf heures de travail : commencez à sept heures et arrêtez à cinq heures. Viendras-tu?" Sans attendre de réponse , il se tourna vers l'Allemand. "Dites à ces deux vieux 'ramis' de prendre leur temps et de sortir d'ici", dit-il en se retournant à nouveau et en regardant McGregor avec attente.

McGregor aimait le petit homme rapide et sourit en approuvant son esprit de décision. Il acquiesça de la tête et, regardant l'Allemand, rit. Le petit homme a disparu par une porte menant à un bureau et McGregor est sorti dans la rue. Dans un coin, il se tourna et vit l'Allemand debout sur la plate-forme devant l'entrepôt qui le surveillait. "Il se demande s'il peut ou non me fouetter", pensa McGregor.

Dans l'entrepôt de pommes, McGregor a travaillé pendant trois ans, passant au cours de sa deuxième année au poste de contremaître et remplaçant le grand Allemand. L'Allemand s'attendait à des problèmes avec McGregor et était déterminé à ne faire qu'une bouchée de lui. Il avait été offensé par le comportement du surintendant aux cheveux gris en embauchant cet homme et estimait qu'une prérogative qui lui appartenait avait été ignorée. Toute la journée, il a suivi McGregor des yeux, essayant de calculer la force et le courage de cet énorme corps. Il savait que des centaines d'hommes affamés parcouraient les rues et a finalement décidé que le besoin de travailler, sinon l'esprit de l'homme, le rendrait soumis. Au cours de la deuxième semaine, il a mis à l'épreuve la question qui lui brûlait le cerveau. Il suivit McGregor dans une chambre haute faiblement éclairée où des barils de pommes, entassés jusqu'au plafond, ne laissaient que des passages étroits. Debout dans la pénombre, il a crié, traitant d'un nom immonde l'homme qui travaillait parmi les tonneaux de pommes : « Je ne veux pas que tu flânes là-dedans, espèce de salaud aux cheveux roux », a-t-il crié.

McGregor n'a rien dit. Il n'était pas offensé par la bassesse du nom que l'Allemand lui avait donné et le prenait simplement comme un défi qu'il attendait et qu'il comptait relever. Avec un sourire sinistre sur les lèvres, il se dirigea vers l'Allemand et, lorsqu'il ne restait qu'un seul tonneau de pomme entre eux, il tendit la main et entraîna le contremaître en bafouillant et en jurant dans le couloir jusqu'à une fenêtre au fond de la pièce. Près de la fenêtre, il s'est arrêté et, en mettant sa main sur la gorge de l'homme qui se débattait, il a commencé à l'étouffer et à le soumettre. Des coups tombèrent sur son visage et sur son corps. Se débattant terriblement, l'Allemand a donné des coups de pied dans les jambes de McGregor avec une énergie désespérée. Bien que ses oreilles bourdonnaient avec les coups de marteau qui tombaient sur son cou et ses joues, McGregor restait silencieux sous la tempête. Ses yeux bleus brillaient de haine et les muscles de ses grands bras dansaient dans la lumière de la fenêtre. Tandis qu'il regardait les yeux globuleux de l' Allemand qui se tordait , il pensa au gros révérend Minot Weeks de Coal Creek et ajouta un tic supplémentaire à la chair entre ses doigts. Lorsqu'un geste de soumission vint de l'homme contre le mur, il recula et lâcha prise. L'Allemand tomba au sol. Debout au-dessus de lui, McGregor a lancé son ultimatum. « Signalez cela ou essayez de me faire virer et je vous tuerai sur le coup », a-t-il déclaré. « Je vais rester ici et faire ce travail jusqu'à ce que je sois prêt à le quitter. Vous pouvez me dire quoi faire et comment le faire, mais lorsque vous me parlerez à nouveau, dites « McGregor » – M. McGregor, c'est mon nom.

L'Allemand se leva et commença à emprunter le passage entre les rangées de barils empilés. En chemin , il s'aidait de ses mains. McGregor est retourné au travail. Après que l'Allemand se soit retiré, il a crié : « Trouvez un nouvel endroit quand vous saurez le néerlandais, je vous retirerai ce travail quand je serai prêt à le faire. »

Ce soir-là, alors que McGregor se dirigeait vers la voiture , il vit le petit surintendant aux cheveux gris qui l'attendait devant un saloon. L'homme fit un signe et McGregor traversa et se plaça à côté de lui. Ils entrèrent ensemble dans le salon, s'appuyèrent contre le bar et se regardèrent. Un sourire apparut sur les lèvres du petit homme. "Qu'est-ce que tu as fait à Frank?" Il a demandé.

McGregor se tourna vers le barman qui attendait devant lui. Il pensait que le commissaire avait l'intention d'essayer de le prendre avec condescendance en lui offrant un verre et il n'aimait pas cette idée. "Qu'auras-tu? Je vais prendre un cigare pour le mien, » dit-il rapidement, déjouant le plan du surintendant en étant le premier à parler. Lorsque le barman apporta les cigares que McGregor avait payés et sortit vers la porte. Il avait l'impression de jouer à un jeu. "Si Frank voulait me forcer à me soumettre, cet homme signifie aussi quelque chose."

Sur le trottoir devant le saloon, McGregor s'est arrêté. « Écoutez, » dit-il en se tournant et en faisant face au surintendant, « je cherche la maison de Frank. Je vais apprendre le métier aussi vite que possible. Je ne vous laisserai pas le soin de le virer. Quand je serai prêt pour cet endroit, il ne sera plus là.

Une lumière jaillit dans les yeux du petit homme. Il tenait le cigare que McGregor avait payé comme s'il était sur le point de le jeter dans la rue. "Jusqu'où pensez-vous pouvoir aller avec vos gros poings ?" » demanda-t-il en élevant la voix.

McGregor sourit. Il pensait avoir remporté une autre victoire et, en allumant son cigare, l'allumette brûlait devant le petit homme. "Le cerveau est destiné à aider les poings", a-t-il déclaré, "j'ai les deux."

Le commissaire regarda l'allumette allumée et le cigare entre ses doigts. "Si je ne le fais pas, qu'utiliseras -tu sur moi ?" Il a demandé.

McGregor a jeté le match dans la rue. « Oh ! ne vous embêtez pas à demander, dit-il en tendant un autre match.

McGregor et le surintendant marchaient dans la rue. «J'aimerais vous virer mais je ne le ferai pas. Un jour, vous gérerez cet entrepôt comme une horloge », a déclaré le surintendant.

McGregor s'est assis dans le tramway et a pensé à sa journée. Cela faisait qu'il avait vécu une journée de deux batailles. D'abord la bataille directe et brutale à coups de poing dans le passage, puis cette autre bataille avec le surintendant. Il pensait avoir gagné les deux combats. Il ne pensait pas beaucoup au combat avec le grand Allemand . Il s'était attendu à gagner cela. L'autre était différent. Selon lui, le surintendant avait voulu le prendre avec condescendance , lui tapotant le dos et lui offrant des boissons. Au lieu de cela, il avait pris le surintendant avec condescendance. Une bataille s'était engagée dans les cerveaux des deux hommes et il avait gagné. Il avait rencontré un nouveau genre d'homme, un homme qui ne vivait pas de la force brute de ses muscles et il avait donné une bonne image de lui-même. La conviction qu'il avait, outre une bonne paire de poings, un bon cerveau, le glorifiait. Il repensa à la phrase « Les cerveaux sont destinés à aider les poings » et se demanda comment il avait pu y penser.

CHAPITRE II

La rue dans laquelle McGregor vivait à Chicago s'appelait Wycliff Place, du nom d'une famille de ce nom qui possédait autrefois le terrain à proximité. La rue était complète dans sa laideur. On ne pourrait rien imaginer de plus désagréable. Ayant eu les mains libres, un groupe aveugle de charpentiers et de maçons mal formés avaient construit des maisons au bord de la route pavée qui touchaient au fantastique par leur inesthétique et leur inconvénient.

Le grand ouest de Chicago compte des centaines de rues de ce type et la ville minière de charbon dont McGregor est issu était un lieu de vie plus inspirant. Jeune homme au chômage, peu enclin aux rencontres fortuites, Beaut avait passé de nombreuses longues soirées à errer seul sur les collines au-dessus de sa ville natale. Il y avait une sorte de beauté épouvantable dans cet endroit la nuit. La longue vallée noire avec son épais voile de fumée qui montait et descendait et formait des formes fantastiques au clair de lune, les pauvres petites maisons accrochées au flanc de la colline, le cri occasionnel d'une femme battue par un mari ivre, l'éclat du ciel. les feux de coke et le grondement des wagons à charbon poussés le long des voies ferrées, tout cela faisait une impression sombre et plutôt inspirante sur l'esprit du jeune homme, de sorte que, bien qu'il détestait les mines et les mineurs, il s'arrêtait parfois dans ses errances nocturnes et restait aux côtés de lui. ses grandes épaules se soulevèrent, respirant profondément et ressentant des choses qu'il n'avait pas de mots pour exprimer.

À Wycliff Place, McGregor n'a pas eu de telles réactions. Une poussière fétide remplissait l'air. Toute la journée, la rue grondait et rugissait sous les roues des camions et des légers chariots de livraison pressés. La suie des cheminées des usines était emportée par le vent et, mélangée à la poudre de fumier de cheval provenant de la chaussée, volait dans les yeux et les narines des piétons. Il y avait toujours un brouhaha de voix. Dans un coin de saloon, les équipiers s'arrêtaient pour faire remplir leurs canettes de bière et se tenaient debout en jurant et en criant. Le soir, les femmes et les enfants sortaient de leurs maisons en transportant de la bière dans des pichets provenant du même salon. Les chiens hurlaient et se battaient, les hommes ivres titubaient sur le trottoir et les femmes de la ville apparaissaient dans leurs atours bon marché et défilaient devant les badauds autour de la porte du saloon.

La femme qui avait loué la chambre à McGregor se vantait auprès de lui d'avoir du sang Wycliff. C'est ce qu'elle lui a dit qui l'avait amenée à Chicago depuis son domicile au Caire, dans l'Illinois. "L'endroit m'a été laissé et ne sachant quoi en faire d'autre, je suis venue vivre ici", a-t-elle déclaré. Elle lui expliqua que les Wycliff avaient été des personnages marquants des débuts de l'histoire de Chicago. L'immense vieille maison avec les marches en pierre fissurées et le panneau CHAMBRES À LOUER sur la fenêtre était autrefois le siège de leur famille.

L'histoire de cette femme était caractéristique du caractère raté d'une grande partie de la vie américaine. C'était au fond une créature saine qui aurait dû vivre dans une jolie maison à ossature de bois dans un village et entretenir un jardin. Le dimanche, elle aurait dû s'habiller avec soin et aller s'asseoir dans une église de campagne, les mains croisées et l'âme tranquille.

L'idée de posséder une maison en ville lui avait cependant paralysé le cerveau. La maison elle-même valait un certain nombre de milliers de dollars et son esprit ne pouvait pas s'élever au-dessus de ce fait, de sorte que son beau visage large était devenu crasseux de la saleté de la ville et son corps fatigué par le labeur sans fin de s'occuper des chambreurs. Les soirs d'été, elle s'asseyait sur les marches devant sa maison, vêtue d'un morceau de parure Wycliff récupéré dans une malle du grenier et lorsqu'un locataire sortait à la porte , elle le regardait avec nostalgie et disait : « Par une nuit comme celle-ci, vous Je pouvais entendre les sifflets des bateaux à vapeur au Caire.

McGregor vivait dans une petite pièce au bout d'un immeuble au deuxième étage de la maison Wycliff. Les fenêtres de la pièce donnaient sur une petite cour sale, presque entourée d'entrepôts en briques. La pièce était meublée d'un lit, d'une chaise qui menaçait toujours de se briser et d'un bureau aux faibles pieds sculptés.

Dans cette pièce, McGregor était assis nuit après nuit, s'efforçant de réaliser son rêve de Coal Creek : entraîner son esprit et se faire un nom dans le monde. De sept heures trente à neuf heures trente, il était assis à un bureau dans une école du soir. De dix heures à minuit , il lisait dans sa chambre. Il ne pensait pas à son environnement, au vaste désordre de la vie qui l'entourait, mais essayait de toutes ses forces d'apporter quelque chose comme de l'ordre et un but dans son propre esprit et dans sa propre vie.

Dans la petite cour, sous la fenêtre, gisaient des tas de journaux abandonnés, ballottés par le vent. Là, au cœur de la ville, murés par l'entrepôt de briques et à moitié cachés sous des tas de pieds de chaise, de canettes et de bouteilles cassées, se trouvaient sans doute deux bûches d'époque, une partie du bosquet qui s'étendait autrefois autour de la maison. Le quartier était passé si rapidement des propriétés de campagne aux maisons et des maisons aux logements loués et aux immenses entrepôts en briques que les marques de la hache du bûcheron étaient encore visibles sur les crosses des rondins.

McGregor voyait rarement la petite cour, sauf lorsque sa laideur était raffinée et masquée par l'obscurité ou par le clair de lune. Les soirs chauds, il posait son livre et, penché loin par la fenêtre, se frottait les yeux et regardait les journaux jetés, inquiet des tourbillons de vent dans la cour, courir çà et là, se heurter aux murs de l'entrepôt et tenter vainement de s'enfuir par-dessus. Le toit. Cette vision le fascina et lui fit penser à quelque chose. Il commença à penser que la vie de la plupart des gens autour de lui ressemblait beaucoup à un sale journal harcelé par des vents contraires et entouré de vilains murs de faits. Cette pensée le poussa de la fenêtre à redoubler d'efforts parmi ses livres. « Je ferai quelque chose ici de toute façon. Je vais leur montrer, grogna-t-il.

Celui qui vivait dans la maison avec McGregor pendant ses premières années dans la ville aurait pu penser que sa vie était stupide et banale, mais cela ne lui semblait pas le cas. Ce fut pour le fils du mineur une période de croissance soudaine et formidable. Rempli de confiance dans la force et la rapidité de son corps, il commençait à avoir également confiance dans la vigueur et la clarté de son cerveau. Dans l'entrepôt, il circulait les yeux et les oreilles ouverts, imaginant de nouvelles méthodes pour déplacer les marchandises, observant les hommes au travail, marquant les escrocs, se préparant à bondir sur la place de contremaître du grand Allemand.

Le surintendant de l'entrepôt, ne comprenant pas la tournure de la conversation avec McGregor sur le trottoir devant le saloon, a décidé de l'aimer et a ri lorsqu'ils se sont rencontrés dans l'entrepôt. Le grand Allemand maintenait une politique de silence maussade et faisait de grands efforts pour éviter de lui parler.

La nuit, dans sa chambre, McGregor commença à lire le droit, lisant chaque page encore et encore et pensant à ce qu'il avait lu le lendemain pendant qu'il roulait et empilait des barils de pommes dans les passages de l'entrepôt.

McGregor avait une aptitude et un appétit pour les faits. Il lisait le droit comme une autre nature, plus douce, aurait lu la poésie ou les vieilles légendes. Ce qu'il lisait la nuit, il se souvenait et y réfléchissait pendant la journée. Il ne rêvait pas des gloires de la loi. Le fait que ces règles établies par les hommes pour régir leur organisation sociale étaient le résultat de siècles de recherche de la perfection ne l'intéressait pas beaucoup et il ne les considérait que comme des armes avec lesquelles attaquer et se défendre dans la bataille des cerveaux dont il parlait actuellement. combattre. Son esprit se réjouissait en prévision de la bataille.

CHAPITRE III

Et puis un nouvel élément s'est imposé dans la vie de McGregor. L'une des centaines de forces de désintégration qui attaquent les natures fortes, s'efforçant de disperser leur force dans les courants inverses de la vie, l'a attaqué. Son grand corps commença à ressentir avec une persistance énervante l'appel du sexe.

Dans la maison de Wycliff Place, McGregor passait pour un mystère. En gardant le silence, il s'est forgé une réputation de sagesse. Les employés des chambres du hall le considéraient comme un scientifique. La femme du Caire le croyait étudiant en théologie. Au bout du couloir, une jolie fille aux grands yeux noirs qui travaillait dans un grand magasin du centre-ville rêvait de lui la nuit. Quand le soir il claqua la porte de sa chambre et traversa le couloir pour se rendre à l'école du soir, elle s'assit sur une chaise près de la porte ouverte de sa chambre. Au passage, elle leva les yeux et le regarda avec audace. Quand il revint, elle était de nouveau près de la porte et de nouveau elle le regarda avec audace.

Dans sa chambre, après les rencontres avec la jeune fille aux yeux noirs, McGregor avait du mal à garder son esprit concentré sur la lecture. Il ressentait ce qu'il avait ressenti avec la jeune fille pâle sur le flanc de la colline au-delà de Coal Creek. Avec elle comme avec la jeune fille pâle, il éprouvait le besoin de se défendre. Il commença à prendre l'habitude de se précipiter devant sa porte.

La fille dans la chambre du couloir pensait constamment à McGregor. Quand il fut allé à l'école du soir, un autre jeune homme de la maison, qui portait un chapeau Panama, arriva de l'étage supérieur et, posant ses mains sur les cadres de la porte de sa chambre, la regarda et lui parla. Il tenait dans ses lèvres une cigarette qui, lorsqu'il parlait, pendait mollement au coin de sa bouche.

Ce jeune homme et la jeune fille aux yeux noirs ont continué à commenter les agissements de McGregor aux cheveux roux. Amorcé par le jeune homme, qui le détestait à cause de son silence, le sujet a été entretenu par la jeune fille qui voulait parler de McGregor.

Le samedi soir, le jeune homme et la jeune fille allaient parfois ensemble au théâtre. Une nuit d'été, alors qu'ils étaient revenus devant la maison, la jeune fille s'est arrêtée. "Voyons ce que fait la grande rousse", dit-elle.

Faisant le tour du pâté de maisons, ils se faufilèrent dans l'obscurité dans une ruelle et se tinrent dans la petite cour sale, regardant McGregor qui, les pieds dans la fenêtre et une lampe allumée sur l'épaule, était assis dans sa chambre en train de lire.

Lorsqu'ils revinrent devant la maison, la jeune fille aux yeux noirs embrassa le jeune homme, fermant les yeux et pensant à McGregor. Plus tard, dans sa chambre, elle resta allongée en rêvant. Elle s'imaginait agressée par le jeune homme qui s'était glissé dans sa chambre et que McGregor était venu en trombe dans le couloir pour l'arracher et le jeter devant la porte.

Au bout du couloir, près de l'escalier menant à la rue, vivait un barbier. Il avait abandonné sa femme et ses quatre enfants dans une ville de l'Ohio et, pour empêcher d'être reconnu, s'était laissé pousser une barbe noire. Entre cet homme et McGregor, une camaraderie s'était née et ils allaient ensemble le dimanche matin se promener dans le parc. L'homme à la barbe noire s'appelait Frank Turner.

Frank Turner avait une passion. Le soir et le dimanche après-midi, il restait assis dans sa chambre à fabriquer des violons. Il travaillait avec un couteau, de la colle, des morceaux de verre et du papier de verre et dépensait ses gains en ingrédients pour la fabrication de vernis. Lorsqu'il a mis la main sur un morceau de bois qui semblait être une réponse à ses prières , il l'a emmené dans la chambre de McGregor et l'a présenté à la lumière pour parler de ce qu'il en ferait. Parfois, il apportait un violon et, assis à la fenêtre ouverte, testait la qualité de son son. Un soir, il prit une heure du temps de McGregor pour parler du vernis de Crémone et lui lire un extrait d'un petit livre usé concernant les vieux maîtres italiens de la lutherie.

Sur un banc du parc était assis Turner, le fabricant de violons, l'homme qui rêvait de la redécouverte du vernis de Crémone, discutant avec McGregor, fils du mineur de Pennsylvanie.

C'était un dimanche après-midi et le parc était plein de vie. Toute la journée, les tramways avaient débarqué les habitants de Chicago à l'entrée du parc. Ils venaient par couples et en groupes, des jeunes hommes avec leurs amantes et des pères avec leurs familles à leurs trousses. Maintenant, à la fin de la journée, ils continuaient à venir, un flot constant d'humanité coulant le long de l'allée de gravier, devant le banc où les deux hommes discutaient. À travers le ruisseau et en le traversant, un autre ruisseau rentrait chez lui. Les bébés pleuraient. Les pères appelaient les enfants qui jouaient sur l'herbe. Les voitures arrivant au parc pleines sont reparties pleines.

McGregor regarda autour de lui et pensa à lui et aux gens agités en mouvement. Il n'y avait chez lui aucune de cette vague peur de la multitude commune à beaucoup d'âmes solitaires. Son mépris des hommes et de la vie des hommes renforçait son audace native. L'étrange petit arrondi des épaules, même chez les jeunes hommes athlétiques, le faisait redresser avec fierté ses propres épaules et gros et maigres, grands et petits, il considérait tous les hommes comme des pions dans de vastes jeux dans lesquels il allait bientôt être un maître. joueur.

La passion pour la forme, cette étrange puissance intuitive que beaucoup d'hommes ont ressentie et que seuls les maîtres de la vie humaine ont comprise, avait commencé à s'éveiller en lui. Il avait déjà commencé à comprendre que pour lui la loi n'était qu'un incident dans un vaste dessein et il était totalement insensible au désir de réussir dans le monde, à la petite cupidité avare de bagatelles qui étaient tout le but de l'école. la vie de tant de personnes autour de lui. Quand quelque part dans le parc un groupe commençait à jouer , il hochait la tête de haut en bas et passait nerveusement sa main de haut en bas sur les jambes de son pantalon. Dans son esprit lui vint le désir de se vanter auprès du barbier, de lui raconter les choses qu'il avait l'intention de faire dans le monde, mais il repoussa ce désir. Au lieu de cela, il resta assis silencieusement, clignant des yeux et s'interrogeant sur l'air persistant d'inefficacité chez les gens qui passaient. Lorsqu'un orchestre passa jouant de la musique de marche et suivi d'une cinquantaine d'hommes portant des plumes blanches sur leurs chapeaux et marchant avec une maladresse gênée, il fut surpris. Parmi les gens, il pensait qu'il y avait un changement. Quelque chose comme une ombre filante passa sur eux. Le babillage des voix cessa et, comme lui, les gens commencèrent à hocher la tête. Une pensée, gigantesque dans sa simplicité, commença à lui venir à l'esprit mais fut aussitôt effacée par son impatience envers les manifestants. Une folie de surgir et de courir parmi eux, les bousculant et les faisant marcher avec la puissance qui vient de l'abandon, le fit presque sortir du banc. Sa bouche se contracta et ses doigts lui demandaient d'agir.

Les gens allaient et venaient parmi les arbres et sur les espaces verts. Au bord d'un étang, des hommes et des femmes étaient assis et prenaient leur repas du soir dans des paniers ou dans des nappes blanches étalées sur l'herbe. Ils riaient et criaient entre eux et contre les enfants, les rappelant depuis les allées de gravier remplies de voitures en mouvement. Beaut a vu une jeune fille jeter une coquille d'œuf et frapper un jeune homme entre les yeux, puis s'enfuir en riant le long du bord de l'étang. Sous un arbre, une femme allaitait un bébé, couvrant ses seins avec un châle de sorte que seule la tête noire du bébé soit visible. Sa petite main serrait la bouche de la femme. Dans un espace ouvert, à l'ombre d'un immeuble, des jeunes hommes jouaient au baseball, les cris des spectateurs dépassant le murmure des voix des gens sur l'allée de gravier.

Une pensée vint à l'esprit de McGregor dont il voulait discuter avec l'homme plus âgé. Il était ému à la vue des femmes et se secouait comme quelqu'un qui se réveille d'un rêve. Puis il a commencé à regarder le sol et à soulever le gravier avec son pied. « Écoutez, dit-il en se tournant vers le barbier, que doit faire un homme à l'égard des femmes, pour obtenir d'elles ce qu'il veut ?

Le coiffeur parut comprendre. « On en est arrivé là ? » » demanda-t-il en levant rapidement les yeux. Il alluma une pipe et resta assis à regarder les gens. C'est alors qu'il parla à McGregor de sa femme et de ses quatre enfants dans la ville de l'Ohio, décrivant la petite maison en brique, le jardin et le poulailler à l'arrière comme quelqu'un qui s'attarde sur un endroit cher à son imagination. Quelque chose de vieux et de fatigué était dans sa voix alors qu'il terminait.

"Ce n'était pas à moi de décider", a-t-il déclaré. « Je suis parti parce que je ne pouvais rien faire d'autre. Je ne m'excuse pas , je te le dis juste. Il y avait quelque chose de désordonné et de désordonné dans tout cela, dans ma vie avec elle et avec eux. Je ne pouvais pas le supporter. Je me sentais submergé par quelque chose. Je voulais être ordonné et travailler, voyez-vous. Je ne pouvais pas laisser la lutherie seule. Seigneur, comme j'ai essayé – essayé de me bluffer à ce sujet – en qualifiant cela de mode.

Le coiffeur regarda nerveusement McGregor pour se rassurer de son intérêt. « Je possédais un magasin dans la rue principale de notre ville. À l'arrière se trouvait une forge. Pendant la journée, je restais près de la chaise de mon magasin pour parler aux hommes rasés de l'amour des femmes et du devoir d'un homme envers sa famille. Les après-midi d'été, j'allais m'asseoir sur un fût dans la forge et je parlais de la même chose avec le forgeron, mais tout cela ne me servait à rien.

«Quand je me suis laissé aller , je ne rêvais pas de devoir envers ma famille, mais de travailler tranquillement comme je le fais maintenant ici en ville, dans ma chambre, le soir et le dimanche.»

Une certaine acuité est apparue dans la voix de l'orateur. Il s'est tourné vers McGregor et a parlé vigoureusement comme quelqu'un qui se défend . «Ma femme était une assez bonne personne», dit-il. « Je suppose qu'aimer est un art comme écrire un livre, dessiner ou fabriquer des violons. Les gens essaient de le faire et n'y parviennent pas. En fin de compte, nous avons abandonné le travail et avons vécu ensemble comme la plupart des gens. Nos vies sont devenues sales et dénuées de sens. C'est comme ça que c'était.

« Avant de m'épouser, ma femme était sténographe dans une usine de fabrication de boîtes de conserve. Elle aimait ce travail. Elle pouvait faire danser ses doigts sur les touches. Lorsqu'elle lisait un livre à la maison , elle pensait que l'écrivain ne valait pas grand-chose s'il faisait des erreurs de ponctuation. Son patron était si fier d'elle qu'il se vantait de son travail auprès des visiteurs et partait parfois pêcher, laissant la gestion de l'entreprise entre ses mains.

«Je ne sais pas pourquoi elle m'a épousé. Elle était plus heureuse là-bas et elle l'est encore plus maintenant. Nous avons commencé à marcher ensemble le dimanche soir et à nous tenir sous les arbres dans les rues secondaires, à nous embrasser et à nous regarder. Nous avons parlé de beaucoup de choses. Nous semblions avoir besoin l'un de l'autre. Puis nous nous sommes mariés et avons commencé à vivre ensemble.

«Ça n'a pas marché. Après quelques années de mariage, les choses ont changé. Je ne sais pas pourquoi. Je pensais que j'étais la même qu'avant et je pense qu'elle l' était. Nous avions l'habitude de nous disputer à ce sujet, chacun rejetant la faute sur l'autre. De toute façon, nous ne nous entendions pas.

«Nous nous asseyions le soir sur le petit porche de notre maison, elle se vantait du travail qu'elle avait accompli dans l'usine de boîtes de conserve et je rêvais de quiétude et d'opportunité de travailler sur les violons. Je pensais connaître un moyen d'augmenter la qualité et la beauté du ton et j'ai eu cette idée du vernis dont je vous ai parlé. Je rêvais même de faire des choses que ces vieux Crémonais ne faisaient pas.

« Lorsqu'elle parlait de son travail au bureau depuis environ une demi-heure, elle levait les yeux et constatait que je n'avais pas écouté. Nous nous disputerions. Nous nous sommes même disputés devant les enfants après leur arrivée. Un jour, elle a dit qu'elle ne voyait pas en quoi cela aurait de l'importance si aucun violon n'avait jamais été fabriqué et cette nuit- là , j'ai rêvé de l'étouffer dans son lit. Je me suis réveillé et je suis resté allongé à côté d'elle en y pensant avec quelque chose comme une réelle satisfaction à la simple pensée qu'une longue prise dure de mes doigts la ferait sortir de mon chemin pour de bon.

« Nous n'avons pas toujours ressenti cela. De temps en temps, un changement survenait en nous deux et nous commencions à nous intéresser l'un à l'autre. Je serais fier du travail qu'elle avait accompli dans l'usine et je m'en vanterais auprès des hommes entrant dans le magasin. Le soir, elle compatissait avec les violons et mettait le bébé au lit pour me laisser tranquille à mon travail en cuisine.

« Ensuite, nous commencions à nous asseoir dans l'obscurité de la maison et à nous tenir la main. Nous pardonnions les choses qui avaient été dites et jouions à une sorte de jeu, nous poursuivant dans la pièce dans l'obscurité, nous cognant contre les chaises et riant. Ensuite, nous commencions à nous regarder et à nous embrasser. Actuellement, il y aurait un autre bébé.

Le barbier leva les mains avec un geste d'impatience. Sa voix perdit sa qualité plus douce et évocatrice. « De telles périodes n'ont pas duré », a-t-il déclaré. « Dans l'ensemble, ce n'était pas une vie à vivre. Je suis reparti. Les enfants sont dans une institution publique et elle a repris son travail au bureau. La ville me déteste. Ils en ont fait une héroïne. Je suis là pour vous parler avec ces moustaches sur le visage pour que les gens de ma ville ne me connaissent pas s'ils venaient. Je suis barbier et je les raserais assez vite sans cela.

Une femme qui passait se tourna vers McGregor. Dans ses yeux se cachait une invitation. Cela lui rappelait quelque chose aux yeux de la pâle fille du croque-mort de Coal Creek. Un tremblement d'inquiétude le parcourut. « Que faites-vous des femmes maintenant ? » Il a demandé.

La voix du plus petit homme s'éleva rauque et excitée dans l'air du soir. "J'ai l'impression qu'on m'enlève comme un homme se ferait réparer une dent", a-t-il déclaré. « Je paie pour le service et je garde mon esprit sur ce que je veux faire. Il y a beaucoup de femmes pour ça, des femmes qui ne sont bonnes que pour ça. Quand je suis arrivé ici , j'avais l'habitude d'errer la nuit, voulant aller dans ma chambre et travailler, mais avec mon esprit et ma volonté paralysés par ce sentiment. Je ne fais pas ça maintenant et je ne le ferai plus. Ce que je fais, beaucoup d'hommes le font – des hommes bons – des hommes qui font du bon travail. A quoi ça sert d'y penser quand on se heurte seulement à un mur de pierre et qu'on se blesse ?

L'homme à la barbe noire se leva, mit les mains dans les poches de son pantalon et regarda autour de lui. Puis il se rassit. Il semblait rempli d'une excitation réprimée. « Il se passe quelque chose d'important et caché dans la vie moderne », a-t-il déclaré, parlant rapidement et avec enthousiasme. « Avant, cela ne touchait que les hommes de haut rang, maintenant cela s'étend aux hommes comme moi, les barbiers et les ouvriers. Les hommes le savent mais n'en parlent pas et n'osent pas penser. Leurs femmes ont changé. Autrefois, les femmes étaient prêtes à tout pour les hommes, simplement à en être les esclaves. Les meilleurs hommes ne demandent pas ça maintenant et ne veulent pas ça.

Il sauta sur ses pieds et se plaça au-dessus de McGregor. « Les hommes ne comprennent pas ce qui se passe et s'en moquent », a-t-il déclaré. « Ils sont trop occupés à faire avancer les choses, à aller à des matchs de football ou à se disputer sur la politique.

« Et qu'en savent-ils s'ils sont assez stupides pour penser ? Ils se laissent entraîner dans de fausses idées. Ils voient autour d'eux beaucoup de belles femmes déterminées qui s'occupent peut-être de leurs enfants et ils se blâment pour leurs vices et ont honte. Puis elles se tournent quand même vers les autres femmes, ferment les yeux et continuent. Ils paient ce qu'ils veulent comme ils paieraient un dîner, sans penser plus aux femmes qui les servent qu'aux serveuses qui les servent dans les restaurants. Ils refusent de penser au nouveau type de femme qui grandit. Ils savent que s'ils deviennent sentimentaux à son égard , ils auront des ennuis ou subiront de nouveaux tests, seront dérangés, voyez-vous, et gâcheront leur travail ou leur tranquillité d'esprit. Ils ne veulent pas avoir d'ennuis ou être dérangés. Ils veulent obtenir un meilleur travail, jouer au ballon, construire un pont ou écrire un livre. Ils pensent qu'un homme qui devient sentimental à l'égard d'une femme est un imbécile et bien sûr, il l'est.

"Voulez-vous dire qu'ils font tous ça?" » a demandé McGregor. Il n'était pas bouleversé par ce qui avait été dit. Cela lui parut vrai. Pour sa part, il avait peur des femmes. Il lui semblait que son compagnon était en train de construire une route sur laquelle il pourrait voyager en toute sécurité. Il voulait que l'homme continue à parler. L'idée lui vint à l'esprit que s'il avait eu quelque chose à faire là-bas, l'après-midi passé avec la jeune fille pâle sur le flanc de la colline aurait eu une fin différente.

Le barbier s'assit sur le banc. Le rougeur de ses joues. « Eh bien , j'ai plutôt bien réussi moi-même », a-t-il déclaré, « mais vous savez, je fabrique des violons et je ne pense pas aux femmes. Je suis à Chicago depuis deux ans et je n'ai dépensé que onze dollars. J'aimerais savoir ce que dépense l'homme moyen. J'aimerais que quelqu'un obtienne les faits et les publie. Cela ferait asseoir les gens. Il doit y avoir des millions de dollars dépensés ici chaque année.

"Vous voyez, je ne suis pas très fort et je reste debout toute la journée chez le coiffeur." Il regarda McGregor et rit. « La fille aux yeux noirs dans le couloir est après toi », dit-il. « Tu ferais mieux de faire attention. Tu la laisses tranquille. Tenez-vous en à vos livres de droit. Tu n'es pas comme moi. Tu es grand, rouge et fort. Onze dollars ne suffiront pas à payer votre vie ici à Chicago avant deux ans.

McGregor regarda à nouveau les gens qui se dirigeaient vers l'entrée du parc dans l'obscurité grandissante. Il trouvait merveilleux qu'un cerveau puisse penser une chose avec autant de clarté et que les mots expriment des pensées avec autant de lucidité. Son empressement à suivre des yeux les filles qui passaient avait disparu. Il était intéressé par le point de vue du vieil homme. "Et qu'en est-il des enfants?" Il a demandé.

Le vieil homme était assis de côté sur le banc. Il y avait un regard troublé dans ses yeux et une certaine impatience réprimée dans sa voix. «Je vais vous en parler», dit-il. «Je ne veux rien garder de côté.

"Regarde ici!" » demanda-t-il en glissant le long du banc vers McGregor et en soulignant ses arguments en frappant une main sur l'autre. « Tous les enfants ne sont-ils pas mes enfants ? » Il fit une pause, essayant de rassembler ses pensées éparses en mots. Lorsque McGregor commença à parler , il leva la main comme pour conjurer une nouvelle pensée ou une autre question. "Je n'essaie pas d'esquiver", a-t-il déclaré. «J'essaie de mettre en forme les pensées qui me viennent à l'esprit jour après jour. Je n'ai jamais essayé de les exprimer auparavant. Je sais que des hommes et des femmes s'accrochent à leurs enfants. C'est la seule chose qui leur reste du rêve qu'ils avaient fait avant de se marier. C'est ce que j'ai ressenti. Cela m'a retenu pendant longtemps. Cela me retiendrait maintenant seulement parce que les violons me tiraient si fort.

Il leva la main avec impatience. « Vous voyez, je devais trouver une réponse. Je ne pouvais pas imaginer être une mouffette en train de m'enfuir et je ne pouvais pas rester. Je n'étais pas censé rester. Certains hommes sont destinés à travailler, à s'occuper des enfants et à servir les femmes peut-être, mais d'autres doivent continuer à essayer quelque chose de vague toute leur vie - comme moi, j'essaie de trouver le ton d'un violon. S'ils n'y parviennent pas, ce n'est pas grave, ils doivent continuer d'essayer.

« Ma femme disait que j'en aurais marre. Aucune femme ne comprend vraiment qu'un homme se soucie de autre chose que d'elle-même. Je lui ai fait sortir ça.

Le petit homme leva les yeux vers McGregor. "Pensez-vous que je suis une mouffette?" Il a demandé.

McGregor le regarda gravement. «Je ne sais pas», dit-il. "Vas-y et parle-moi des enfants."

« J'ai dit que c'étaient les dernières choses auxquelles s'accrocher. Ils sont. Nous avions une religion. Mais c'est plutôt révolu maintenant, l'ancien genre. Maintenant, les hommes pensent aux enfants, je veux dire à un certain type d'hommes — ceux qui ont un travail qu'ils veulent faire. Les enfants et le travail sont les seules choses qui nous intéressent. S'ils ont des sentiments à l'égard des femmes , c'est uniquement à propos des leurs, de celles qu'ils ont à la maison avec eux. Ils veulent que celui-là soit plus beau qu'eux-mêmes. Alors ils exercent leurs autres sentiments sur les femmes rémunérées.

« Les femmes s'inquiètent du fait que les hommes aiment les enfants. Ils s'en soucient beaucoup. C'est seulement un plan pour exiger une adulation qu'ils ne méritent pas. Un jour, quand je suis arrivé en ville, j'ai pris une place de domestique dans une famille riche. Je voulais rester à l'abri jusqu'à ce que ma barbe pousse. Les femmes y venaient l'après-midi aux réceptions et aux réunions pour parler des réformes qui les intéressaient... Bah ! Ils travaillent et complotent pour s'en prendre aux hommes. Ils y sont toute leur vie, nous flattant, nous divertissant, nous donnant de fausses idées, faisant semblant d'être faibles et incertains alors qu'ils sont forts et déterminés. Ils n'ont aucune pitié. Ils nous font la guerre en essayant de faire de nous des esclaves. Ils veulent nous ramener captifs chez eux, comme César a ramené les captifs à Rome.

"Vous regardez ici!" Il se releva de nouveau et secoua les doigts en direction de McGregor. « Essayez simplement quelque chose. Vous essayez d'être ouvert, franc et direct avec une femme – n'importe quelle femme – comme vous le feriez avec un homme. Laissez-la vivre sa propre vie et demandez-lui de vous laisser vivre la vôtre. Vous l'essayez. Elle ne le fera pas. Elle mourra la première.

Il se rassit sur le banc et secoua la tête d'avant en arrière. "Seigneur, comme j'aimerais pouvoir parler!" il a dit. « Je fais une confusion et je voulais vous le dire. Oh, comme je voulais te le dire ! Cela fait partie de mon idée qu'un homme devrait dire à un garçon tout ce qu'il sait. Nous devons arrêter de leur mentir.

McGregor regarda le sol. Il était profondément ému et intéressé, car il n'avait jamais été touché auparavant par autre chose que la haine.

Deux femmes qui circulaient sur l'allée de gravier se sont arrêtées sous un arbre et ont regardé en arrière. Le coiffeur sourit et leva son chapeau. Lorsqu'ils lui sourirent en retour , il se leva et se dirigea vers eux. "Allez mon garçon", murmura-t-il derrière sa main à McGregor. "Allons les chercher."

Lorsque McGregor a regardé la scène devant ses yeux, il l'a rendu furieux. Le barbier souriant, son chapeau à la main, les deux femmes qui attendaient sous l'arbre, l'air d'innocence à moitié coupable sur les visages de chacun d'eux, éveillaient une fureur aveugle dans son cerveau. Il bondit en avant, saisissant de la main l'épaule de Turner. Le faisant tournoyer, il le jeta à quatre pattes. « Sortez d'ici, les filles ! » » rugit-il aux femmes qui s'enfuyaient terrorisées dans l'allée.

Le barbier s'assit de nouveau sur le banc à côté de McGregor. Il se frotta les mains pour enlever les graviers de la chair. "Qu'est-ce qui ne va pas chez toi?" Il a demandé.

McGregor hésita. Il se demandait comment il pourrait dire ce qu'il avait en tête. « Chaque chose à sa place », dit-il finalement. "Je voulais continuer notre conversation."

Des lumières jaillissaient de l'obscurité du parc. Les deux hommes étaient assis sur le banc, réfléchissant chacun à ses propres pensées.

"Je veux me débarrasser des pinces ce soir", dit le barbier en regardant sa montre. Ensemble, les deux hommes marchaient dans la rue. "Regardez ici", a déclaré McGregor. « Je ne voulais pas te faire de mal. Ces deux femmes qui sont venues interférer avec ce que nous faisions m'ont rendu furieux.

« Les femmes s'en mêlent toujours », dit le barbier. "Ils font l'enfer avec les hommes." Son esprit s'est épuisé et a commencé à jouer avec le vieux problème mondial des sexes. « Si beaucoup de femmes tombent dans la bataille avec nous, les hommes, et deviennent nos esclaves – nous servant comme le font les femmes rémunérées – ont-elles besoin de s'en soucier ? Laissez-les jouer et essayez d'aider à résoudre le problème, comme les hommes ont été joueurs et ont travaillé et réfléchi à travers des âges de perplexité et de défaite.

Le barbier s'arrêtait au coin de la rue pour remplir et allumer sa pipe. "Les femmes peuvent tout changer quand elles le veulent", a-t-il déclaré en regardant McGregor et en laissant le match se consumer entre ses doigts. « Elles peuvent bénéficier d'une pension de maternité et avoir la possibilité de résoudre leurs propres problèmes dans le monde ou tout ce qu'elles souhaitent vraiment. Elles peuvent se tenir face aux hommes. Ils ne veulent pas. Ils veulent nous asservir avec leurs visages et leurs corps. Ils veulent poursuivre le vieux, vieux combat fatigué. Il tapota le bras de McGregor. "Si quelques-uns d'entre nous, voulant de toutes nos forces accomplir quelque chose, les battent à leur propre jeu, ne méritons-nous pas la victoire ?" Il a demandé.

"Mais parfois, je pense que j'aimerais qu'une femme vive avec, vous savez, juste pour s'asseoir et parler avec moi", a déclaré McGregor.

Le coiffeur a ri. Tirant une bouffée de sa pipe, il marcha dans la rue. "Être sûr! Être sûr!" il a dit. "Je voudrais. N'importe quel homme le ferait. J'aime m'asseoir dans la pièce pendant un moment le soir pour vous parler, mais je détesterais abandonner la fabrication de violons et être obligé toute ma vie de vous servir et de servir vos objectifs de la même manière.

Dans le couloir de leur propre maison, le barbier a parlé à McGregor alors qu'il regardait dans le couloir où la porte de la chambre de la fille aux yeux noirs venait de s'ouvrir. « Vous laissez les femmes tranquilles », dit-il ; "Quand tu sens que tu ne peux plus rester loin d'eux, tu viens en discuter avec moi."

McGregor hocha la tête et suivit le couloir jusqu'à sa propre chambre. Dans l'obscurité, il se tenait près de la fenêtre et regardait la cour. Le sentiment de pouvoir caché, la capacité de s'élever au-dessus du désordre dans lequel la vie moderne avait sombré, qui lui était venu dans le parc, revint et il marcha nerveusement. Quand enfin il s'assit sur une chaise et se pencha en avant, mit sa tête dans ses mains, il se sentit comme quelqu'un qui a entrepris un long voyage à travers un pays étrange et dangereux et qui rencontre inopinément un ami qui suit le même chemin.

CHAPITRE IV

Les habitants de Chicago rentrent chez eux le soir du travail ; ils partent en masse et se dépêchent. C'est une chose surprenante de les regarder de près. Les gens ont mauvaise bouche. Leur bouche est détendue et leurs mâchoires ne pendent pas correctement. Les bouches sont comme les chaussures qu'elles portent. Les chaussures sont devenues délabrées aux coins à cause de trop de coups sur les trottoirs durs et les bouches sont devenues tordues à cause de trop de lassitude d'âme.

Quelque chose ne va pas dans la vie américaine moderne et nous, Américains, ne voulons pas y prêter attention. Nous préférons de loin nous considérer comme un peuple formidable et en rester là.

C'est le soir et les habitants de Chicago rentrent du travail. Du bruit, du bruit, du bruit, les talons marchent sur les trottoirs durs, les mâchoires remuent, le vent souffle et la terre dérive et passe au crible les masses populaires. Tout le monde a les oreilles sales. La puanteur dans les tramways est horrible. Les ponts vétustes qui enjambent les rivières sont remplis de monde. Les trains de banlieue allant vers le sud et l'ouest sont de construction bon marché et dangereux. Un peuple se disant grand et vivant dans une ville aussi appelée grande, rentre dans ses maisons une simple masse désordonnée d'humains mal équipés. Tout est bon marché. Quand les gens rentrent chez eux, ils s'assoient sur des chaises bon marché devant des tables bon marché et mangent de la nourriture bon marché. Ils ont donné leur vie pour des choses bon marché. Le paysan le plus pauvre d'un des vieux pays est entouré de plus de beauté. Son équipement même pour vivre est plus solide.

L'homme moderne se contente de ce qui est bon marché et peu beau parce qu'il espère s'élever dans le monde. Il a consacré sa vie à ce triste rêve et il apprend à ses enfants à suivre le même rêve. McGregor en a été touché. Dérouté par la question du sexe, il avait écouté les conseils du barbier et avait l'intention de régler les choses à moindre coût. Un soir, un mois après la conférence dans le parc, il se précipita le long de Lake Street, dans le West Side, avec ce but en vue. Il était près de huit heures et la nuit tombait et McGregor aurait dû être à l'école du soir. Au lieu de cela, il marcha dans la rue en regardant les maisons à ossature mal entretenues. Une fièvre lui brûlait le sang. Une impulsion, pour le moment plus forte que celle qui le maintenait à travailler sur des livres nuit après nuit dans la grande ville désordonnée et encore plus forte que toute nouvelle impulsion vers une marche vigoureuse et impérieuse à travers la vie, l'avait saisi. Ses yeux regardaient vers les fenêtres. Il se précipita, rempli d'un désir qui abrutit son cerveau et sa volonté. Une femme assise à la fenêtre d'une petite maison à ossature lui sourit et lui fit signe.

McGregor suivit le chemin menant à la petite maison à ossature. Le chemin traversait une cour sordide. C'était un endroit infect comme le tribunal, sous sa fenêtre, derrière la maison de Wycliff Place. Ici aussi, des papiers décolorés, inquiets du vent, couraient en rond. Le cœur de McGregor battait à tout rompre et sa bouche était sèche et désagréable. Il se demandait ce qu'il devrait dire et comment il devrait le dire lorsqu'il se présenterait en présence de la femme. Il aurait souhaité que quelqu'un soit frappé avec son poing. Il ne voulait pas faire l'amour, il voulait du soulagement. Il aurait de loin préféré un combat.

Les veines du cou de McGregor commencèrent à enfler et alors qu'il se tenait dans l'obscurité devant la porte de la maison, il jura. Il regarda la rue de haut en bas, mais le ciel, dont la vue aurait pu l'aider, était caché à la vue par la structure d'une voie ferrée surélevée. Poussant la porte de la maison, il entra. Dans la pénombre, il ne pouvait voir rien d'autre qu'une forme surgie de l'obscurité et une paire de bras puissants plaquèrent ses mains sur ses côtés. McGregor regarda rapidement autour de lui. Un homme aussi énorme que lui le tenait fermement contre la porte. Il avait un œil de verre et une barbe noire courte et, dans la pénombre , il avait l'air sinistre et dangereux. La main de la femme qui lui avait fait signe depuis la fenêtre fouilla dans les poches de McGregor et en sortit en serrant un petit rouleau d'argent. Son visage, maintenant figé et laid comme celui de l'homme, le regardait sous les bras de son alliée.

En un instant, le cœur de McGregor cessa de battre et le goût sec et désagréable sortit de sa bouche. Il se sentait soulagé et heureux de cette tournure soudaine de l'affaire.

Avec un rapide claquement de genoux vers le ventre de l'homme qui le tenait, McGregor se libéra. Un coup porté au cou a envoyé son agresseur gémir au sol. McGregor traversa la pièce d'un bond. Dans le coin près du lit, il attrapa la femme. La saisissant par les cheveux, il la fit tournoyer. « Remettez cet argent », dit-il avec férocité.

La femme leva les mains et le supplia. La prise de ses mains dans ses cheveux lui fit monter les larmes aux yeux. Elle lui fourra le rouleau de billets dans les mains et attendit, tremblante, pensant qu'il avait l'intention de la tuer.

Un nouveau sentiment envahit McGregor. L'idée d'être entré dans la maison à l'invitation de cette femme le révoltait. Il se demandait comment il avait pu être une telle bête. Alors qu'il se tenait dans la pénombre, pensant à cela et regardant la femme , il se perdit dans ses pensées et se demanda pourquoi l'idée que lui avait donnée le barbier, qui lui avait semblé si claire et sensée, lui paraissait maintenant si stupide. Ses yeux fixèrent la femme tandis que son esprit revenait au barbier à la barbe noire qui parlait sur le banc du parc et il fut saisi d'une fureur aveugle, une fureur non dirigée contre les gens dans la petite pièce immonde mais contre lui-même et sa propre cécité. De nouveau, une grande haine du désordre de la vie s'empara de lui et, comme si tous les désordonnés du monde étaient personnifiés en elle, il jura et secoua la femme comme un chien aurait secoué un chiffon immonde.

"Se faufiler. Esquive. Imbécile, marmonna-t-il, se considérant comme un géant attaqué par une bête nauséabonde. La femme hurla de terreur. En voyant l'expression du visage de son agresseur et en se méprenant sur le sens de ses paroles, elle trembla et repensa à la mort. En passant la main sous l'oreiller du lit, elle prit un autre rouleau de billets et le mit également entre les mains de McGregor. «S'il vous plaît, partez», plaide-t-elle. « Nous nous sommes trompés. Nous pensions que tu étais quelqu'un d'autre.

McGregor se dirigea vers la porte devant l'homme au sol qui gémissait et se retournait. Il marcha au coin de Madison Street et monta dans une voiture pour aller à l'école du soir. Assis dans la voiture, il comptait l'argent dans le rouleau que lui tendait la femme agenouillée et riait si bien que les gens dans la voiture le regardaient avec étonnement. « Turner a dépensé onze dollars parmi eux en deux ans et j'ai reçu vingt-sept dollars en une nuit », pensa-t-il. Il sauta de la voiture et marcha sous les réverbères en s'efforçant de réfléchir. « Je ne peux compter sur personne », marmonna-t-il. «Je dois tracer mon propre chemin. Le coiffeur est aussi confus que les autres et il ne le sait pas. Il existe un moyen de sortir de la confusion et je vais le trouver, mais je devrai le faire seul. Je ne peux croire personne sur parole.

CHAPITRE V

La question de l'attitude de McGregor envers les femmes et de l'appel au sexe n'a bien sûr pas été réglée par la bagarre dans la maison de Lake Street. C'était un homme qui, même à l'époque de sa grande grossièreté, faisait fortement appel à l'instinct d'accouplement des femmes et plus d'une fois son but était d'être ébranlé et son esprit troublé par les formes, les visages et les yeux des femmes.

McGregor pensait avoir réglé l'affaire. Il oublia la jeune fille aux yeux noirs dans le couloir et ne pensa qu'à progresser dans l'entrepôt et à étudier dans sa chambre le soir. De temps en temps, il prenait une soirée de congé et se promenait dans les rues ou dans l'un des parcs.

Dans les rues de Chicago, sous les lumières de la nuit, parmi les gens agités et en mouvement, il était une figure inoubliable. Parfois, il ne voyait pas du tout les gens mais se balançait dans le même esprit avec lequel il s'était promené dans les collines de Pennsylvanie. Il s'efforçait de s'emparer d'une qualité de vie insaisissable qui semblait à jamais hors de portée. Il ne voulait pas être avocat ou magasinier. Que voulait-il ? Dans la rue, il essayait de se décider et, comme il n'était pas d'un caractère doux, sa perplexité le mettait en colère et il jurait.

Il arpentait Madison Street de long en large, ses lèvres marmonnant des mots. Dans un coin salon, quelqu'un jouait du piano. Des groupes de filles passaient en riant et en discutant. Il arriva au pont qui enjambait la rivière dans le quartier de Loop, puis fit demi-tour avec inquiétude. Sur les trottoirs de Canal Street , il vit des hommes robustes flâner devant des hôtels bon marché. Leurs vêtements étaient sales à cause d'une longue usure et il n'y avait aucune lueur de détermination sur leurs visages. Dans les petits interstices du tissu dont leurs vêtements étaient faits, s'accumulait la saleté de la ville dans laquelle ils vivaient et dans l'étoffe de leur nature, la saleté et le désordre de la civilisation moderne avaient également trouvé refuge.

McGregor continuait à regarder les choses fabriquées par l'homme et la flamme de la colère à l'intérieur brûlait de plus en plus fort. Il vit les nuages à la dérive de gens de toutes nations qui erraient la nuit dans Halstead Street et, en tournant dans une rue latérale, il vit aussi les Italiens, les Polonais et les Russes qui se rassemblaient le soir sur les trottoirs devant les immeubles de ce quartier.

Le désir de McGregor d'une sorte d'activité est devenu une folie. Son corps tremblait sous la force de son désir de mettre fin au vaste désordre de la vie. Avec toute l' ardeur de sa jeunesse, il voulait voir si, avec la force de son bras, il pourrait sortir l'humanité de sa paresse. Un homme ivre est passé et après lui est venu un homme de grande taille avec une pipe à la bouche. Le grand homme ne marchait pas avec la moindre suggestion de puissance dans ses jambes. Il marchait d'un pas traînant. Il était comme un enfant immense, aux joues grasses et au corps immense et inculte, un enfant sans muscles ni dureté, accroché aux pans de la vie.

McGregor ne pouvait pas supporter la vue de cette grande silhouette disgracieuse. L'homme semblait personnifier toutes les choses contre lesquelles son âme était en révolte et il s'arrêta et resta accroupi, une lumière féroce brûlant dans ses yeux.

Dans le caniveau, l'homme roula, abasourdi par la force du coup que lui avait porté le fils du mineur. Il a rampé sur ses mains et ses genoux et a appelé à l'aide. Sa pipe avait roulé dans l'obscurité. McGregor se tenait sur le trottoir et attendait. Une foule d'hommes debout devant un immeuble ont commencé à courir vers lui. Il s'accroupit de nouveau . Il a prié pour qu'ils viennent et qu'il le laisse les combattre également. En prévision d'un grand combat, la joie brillait dans ses yeux et ses muscles se contractaient.

Et puis l'homme dans le caniveau s'est levé et s'est enfui. Les hommes qui avaient commencé à courir vers lui s'arrêtèrent et rebroussèrent chemin. McGregor continuait son chemin, le cœur lourd du sentiment de défaite. Il regrettait un peu l'homme qu'il avait frappé et qui lui faisait une silhouette si ridicule en rampant sur ses mains et ses genoux et il était plus perplexe que jamais.

McGregor a de nouveau tenté de résoudre le problème des femmes. Il avait été très heureux de l'issue de l'affaire dans la petite maison à ossature et, le lendemain, il avait acheté des livres de droit avec les vingt-sept dollars que lui avait mis dans la main la femme effrayée. Plus tard, il resta dans sa chambre, étirant son grand corps comme un lion revenu de la tuerie et pensa au petit barbier à barbe noire dans la pièce au fond du couloir, penché sur son violon, l'esprit occupé à tenter de se justifier parce que il ne serait pas confronté à l'un des problèmes de la vie. Le ressentiment contre cet homme avait disparu. Il pensa à la voie tracée par ce philosophe et rit. « Il y a quelque chose à éviter, comme se livrer à creuser la terre sous terre », se dit-il.

La deuxième aventure de McGregor a commencé un samedi soir et encore une fois, il s'est laissé entraîner par le barbier. La nuit était chaude et le jeune homme était assis dans sa chambre, animé du désir de sortir et d'explorer la ville. Le calme de la maison, le grondement lointain des tramways, le bruit d'un orchestre jouant au loin dans la rue le dérangeaient et le distrayaient. Il aurait souhaité pouvoir prendre un bâton dans ses mains et aller rôder parmi les collines comme il l'avait fait ces nuits-là dans sa jeunesse dans la ville de Pennsylvanie.

La porte de sa chambre s'ouvrit et le barbier entra. Il tenait à la main deux tickets. Il s'est assis sur le rebord de la fenêtre pour expliquer.

« Il y a un bal dans une salle de Monroe Street », dit le barbier avec enthousiasme. «J'ai deux billets ici. Un homme politique les a vendus au patron du magasin où je travaille. Le coiffeur renversa la tête et rit. À son avis, il y avait quelque chose de délicieux à l'idée que le patron du barbier soit forcé par les politiciens d'acheter des billets de danse. "Ils coûtent deux dollars chacun", a-t-il crié en riant. "Vous auriez dû voir mon patron se tortiller. Il ne voulait pas de billets mais avait peur de ne pas les prendre. Le politicien pouvait lui créer des ennuis et il le savait. Vous voyez, nous faisons un manuel sur les courses dans le magasin et c'est contraire à la loi. Le politicien pourrait nous créer des ennuis. Le patron a payé les quatre dollars en jurant à voix basse et lorsque le politicien est sorti, il me les a lancés. « Là, prends-les », a-t-il crié, « je ne veux pas de choses pourries. L'homme est-il une auge où chaque bête peut s'arrêter pour boire ?

McGregor et le barbier étaient assis dans la pièce, riant du patron du barbier qui avait acheté les billets en souriant tout en étant rongé par sa colère intérieure. Le coiffeur a exhorté McGregor à l'accompagner au bal. "Nous allons en faire une soirée", a-t-il déclaré. « Nous y verrons des femmes – deux que je connais. Ils habitent à l'étage au-dessus d'une épicerie. J'ai été avec eux. Ils vous ouvriront les yeux. C'est un genre de femmes que vous n'avez pas connues, audacieuses, intelligentes et braves gens aussi.

McGregor se leva et passa sa chemise par-dessus sa tête. Une vague d'excitation fébrile parcourut son corps. « Nous verrons cela, » dit-il, « nous verrons si c'est une autre fausse piste sur laquelle vous me lancez. Vous allez dans votre chambre et vous préparez. Je vais me réparer.

Dans la salle de danse, McGregor était assis sur un siège près du mur avec l'une des deux femmes saluées par le barbier et une troisième qui était frêle et exsangue. Pour lui, l'aventure avait été un échec. Le swing de la musique de danse ne touchait aucune corde sensible en lui. Il vit les couples sur le sol enlacés dans les bras l'un de l'autre, se tordant et se retournant, se balançant d'avant en arrière, se regardant dans les yeux et se détournant en souhaitant revenir dans sa chambre parmi les livres de droit.

Le coiffeur a parlé à deux des femmes et les a plaisanté. McGregor pensait que la conversation était stupide et triviale. Cela longeait les choses et débouchait sur de vagues références à d'autres époques et à des aventures dont il ignorait tout.

Le barbier est parti en dansant avec l'une des femmes. Elle était grande et la tête du barbier dépassait à peine son épaule. Sa barbe noire brillait sur sa robe blanche. Les deux femmes s'assirent à côté de lui et parlèrent. McGregor a compris que la femme frêle était une fabriquant de chapeaux. Quelque chose chez elle l'attirait et il s'appuya contre le mur et la regarda, sans entendre la conversation.

Un jeune homme s'est approché et a emmené l'autre femme. De l'autre côté du couloir, le coiffeur lui fit signe.

Une pensée lui vint à l'esprit. Cette femme à côté de lui était frêle, maigre et exsangue comme les femmes de Coal Creek. Un sentiment d'intimité avec elle l'envahit. Il ressentait ce qu'il avait ressenti à l'égard de la grande fille pâle de Coal Creek lorsqu'ils avaient gravi ensemble la colline jusqu'à l'éminence qui surplombait la vallée des fermes.

CHAPITRE VI

Edith Carson, la modiste, que le destin avait jetée en compagnie de McGregor, était une femme frêle de trente-quatre ans et vivait seule dans deux pièces à l'arrière de son magasin de modistes. Sa vie était presque dépourvue de couleur . Le dimanche matin, elle a écrit une longue lettre à sa famille dans une ferme de l'Indiana, puis a mis un chapeau parmi les échantillons dans la vitrine le long du mur et est allée à l'église, s'asseyant seule au même siège dimanche après dimanche et se souvenant ensuite rien du sermon.

Le dimanche après-midi, Edith se rendit en tramway dans un parc et se promena seule sous les arbres. S'il pleuvait , elle s'asseyait dans la plus grande des deux pièces au fond de l'atelier, cousant de nouvelles robes pour elle-même ou pour une sœur qui avait épousé un forgeron dans la ville de l'Indiana et qui avait quatre enfants.

couleur souris et des yeux gris avec de petites taches brunes sur l'iris. Elle était si mince qu'elle portait des coussinets autour de son corps sous sa robe pour le remplir. Dans sa jeunesse, elle avait eu un amoureux, un gros garçon aux joues rondes qui habitait dans la ferme voisine. Une fois qu'ils étaient allés ensemble à la foire du siège du comté et qu'en rentrant à la maison le soir en buggy, il l'avait entourée de ses bras et l'avait embrassée. « Tu n'es pas très grand », avait-il dit.

Edith l'a envoyé dans une maison de vente par correspondance à Chicago et a acheté le rembourrage qu'elle portait sous sa robe. Avec lui est venue une huile qu'elle s'est frottée. L'étiquette sur la bouteille parlait du contenu avec beaucoup de respect en tant que merveilleux révélateur. Les lourdes serviettes portaient des endroits bruts sur son côté contre lesquels frottaient ses vêtements, mais elle supportait la douleur avec un stoïcisme sombre, se souvenant de ce que le gros garçon avait dit.

Après qu'Edith soit arrivée à Chicago et ait ouvert sa propre boutique , elle a reçu une lettre de son ancien admirateur. "Cela me plaît de penser que le même vent qui souffle sur moi souffle aussi sur toi", disait-il. Après cette seule lettre, elle n'a plus eu de nouvelles de lui. Il avait tiré la phrase d'un livre qu'il avait lu et avait écrit la lettre à Edith pour qu'il puisse l'utiliser. Une fois la lettre partie , il pensa à sa silhouette frêle et se repentit de l'impulsion qui l'avait poussé à écrire. À moitié alarmé, il commença à faire la cour et épousa bientôt une autre fille.

Parfois, lors de ses rares visites à la maison, Edith avait vu son ancien amant conduire sur la route. La sœur qui avait épousé le forgeron disait qu'il était avare, que sa femme n'avait rien d'autre à porter qu'une robe en calicot bon marché et que le samedi il partait seul en ville, la laissant traire les vaches et nourrir les cochons et les chevaux. Une fois, il a rencontré Edith sur la route et a essayé de la faire monter dans le chariot pour qu'elle monte avec lui. Bien qu'elle ait marché le long de la route en l'ignorant, elle sortit d'un tiroir la lettre sur le vent qui soufflait sur eux deux les soirs de printemps ou après une promenade dans le parc et la relut. Après l'avoir lu , elle s'est assise dans l'obscurité devant le magasin, regardant à travers la porte moustiquaire les gens dans la rue et s'est demandée ce que la vie signifierait pour elle si elle avait un homme à qui elle pourrait accorder son amour. Dans son cœur, elle croyait que, contrairement à la femme du gros jeune, elle aurait eu des enfants.

À Chicago, Edith Carson avait gagné de l'argent. Elle avait un génie d'économie dans la gestion de son entreprise. En six ans , elle avait réglé une importante dette du magasin et disposait d'un solde confortable à la banque. Des filles qui travaillaient dans des usines ou dans des magasins venaient laisser la plupart de leurs maigres surplus dans son magasin et d'autres filles qui ne travaillaient pas entraient, jetant des dollars et parlant de « gentlemen amis ». Edith détestait le marchandage mais s'y occupait avec astuce et avec un petit sourire calme et désarmant sur le visage. Ce qu'elle aimait, c'était s'asseoir tranquillement dans la pièce et couper ses chapeaux. Lorsque l'entreprise s'est développée, elle avait une femme pour s'occuper du magasin et une fille pour s'asseoir à côté d'elle et l'aider avec les chapeaux. Elle avait une amie, épouse d'un conducteur de tramway, qui venait parfois la voir le soir. L'amie était une petite femme potelée, insatisfaite de son mariage, et elle demandait à Edith de lui confectionner plusieurs nouveaux chapeaux par an, pour lesquels elle ne payait rien.

Edith est allée au bal au cours duquel elle a rencontré McGregor avec la femme du conducteur et une fille qui vivait à l'étage d'une boulangerie à côté du magasin. Le bal a eu lieu dans une salle au-dessus d'un saloon et a été donné au profit d'une organisation politique en dont le boulanger était un leader. La femme du boulanger est entrée et a vendu à Edith deux billets, un pour elle et un pour la femme du conducteur de voiture qui se trouvait à ce moment-là avec elle.

Ce soir-là, après que la femme du conducteur soit rentrée chez elle, Edith décida d'aller au bal et cette décision fut en soi une aventure. La nuit était chaude et étouffante, des éclairs brillaient dans le ciel et des nuages de poussière balayaient la rue. Edith était assise dans l'obscurité derrière la porte moustiquaire verrouillée et regardait les gens qui se hâtaient de rentrer chez eux dans la rue. Une vague de révolte face à l'étroitesse et au vide de sa vie la parcourut. Les larmes lui montèrent aux yeux. Elle ferma la porte du magasin et entra dans la pièce du fond, alluma le gaz et se regarda dans le miroir. «Je vais aller au bal», pensa-t-elle. « Peut-être que je trouverai un homme. S'il ne veut pas m'épouser, il peut de toute façon avoir ce qu'il veut de moi.

Dans la salle de danse, Edith était assise modestement près du mur près d'une fenêtre et regardait les couples tournoyer sur le sol. Par une porte ouverte, elle pouvait voir des couples assis dans une autre pièce autour de tables et buvant de la bière. Un grand jeune homme en pantalon blanc et pantoufles blanches se promenait sur la piste de danse. Il sourit et s'inclina devant les femmes. Un jour, il traversa la pièce vers Edith et son cœur battait rapidement, mais juste au moment où elle pensait qu'il avait l'intention de lui parler ainsi qu'à la femme du conducteur, il se tourna et se dirigea vers une autre partie de la pièce. Edith le suivit des yeux, admirant son pantalon blanc et ses dents blanches et brillantes.

La femme du conducteur est partie avec un petit homme hétéro à moustache grise dont Edith pensait qu'il avait des yeux désagréables et deux filles sont venues s'asseoir à côté d'elle. Ils étaient clients de son magasin et vivaient ensemble dans un appartement au-dessus d'une épicerie sur Monroe Street. Edith avait entendu la jeune fille qui était assise avec elle dans la salle de travail parler d'eux avec mépris. Tous trois étaient assis ensemble le long du mur et parlaient de chapeaux.

Et puis, à travers la salle de danse, deux hommes arrivèrent, un énorme individu aux cheveux roux et un petit homme à barbe noire. Les deux femmes les saluèrent et tous les cinq s'assirent ensemble pour faire la fête près du mur, le petit homme continuant de commenter les gens par terre avec les deux compagnons d'Edith. Une danse s'engagea et, prenant l'une des femmes, l'homme à la barbe noire s'éloigna en dansant. Edith et l'autre femme parlèrent encore de chapeaux. L'homme énorme à côté d'elle ne disait rien et suivait des yeux les femmes dans la salle de danse. Edith pensait qu'elle n'avait jamais vu un garçon aussi simple.

A la fin de la danse, l'homme à la barbe noire franchit la porte de la pièce remplie de petites tables et fit signe à l'homme aux cheveux roux de le suivre. Un homme à l'air enfantin est apparu et est parti avec l'autre femme et Edith s'est assise seule sur le banc près du mur à côté de McGregor.

"Cet endroit ne m'intéresse pas", dit rapidement McGregor. « Je n'aime pas rester assis à regarder les gens sauter sur la pointe des pieds. Si tu veux venir avec moi, nous sortirons d'ici et irons dans un endroit où nous pourrons parler et faire connaissance.

La petite modiste traversait le sol au bras de McGregor, le cœur battant d'excitation. «J'ai un homme», pensa-t-elle en exultant. Elle savait que l'homme l'avait délibérément choisie. Elle avait entendu les présentations et les plaisanteries de l'homme à la barbe noire et avait remarqué l'indifférence du grand homme à l'égard des autres femmes.

Edith regarda la silhouette imposante de son compagnon et oublia sa convivialité. Dans son esprit lui vint l'image du gros garçon, devenu un homme, conduisant sur la route dans le chariot et lui demandant d'un air moqueur de monter avec lui. Un flot de colère au souvenir du regard d'assurance avide dans ses yeux l'envahit. « Celui-ci pourrait le faire tomber par-dessus une clôture à six rails », pensa-t-elle.

"Où allons nous maintenant?" elle a demandé.

McGregor la regarda. « Dans un endroit où nous pourrons parler », dit-il. «J'en avais marre de cet endroit. Tu devrais savoir où nous allons. Je vais avec vous. Tu ne viens pas avec moi.

McGregor aurait aimé être à Coal Creek. Il avait envie d'emmener cette femme de l'autre côté de la colline et de s'asseoir sur la bûche pour parler de son père.

Tandis qu'ils marchaient le long de Monroe Street, Edith pensait à la résolution qu'elle avait prise alors qu'elle se tenait devant le miroir de sa chambre, à l'arrière de la boutique, le soir où elle avait décidé de venir au bal. Elle se demandait si la grande aventure était sur le point de lui arriver et sa main tremblait sur le bras de McGregor. Une vague chaude d'espoir et de peur la traversa.

À la porte de la boutique de modistes, elle tâtonnait avec des mains incertaines alors qu'elle déverrouillait la porte. Un sentiment délicieux la secoua. Elle se sentait comme une mariée, heureuse et pourtant honteuse et effrayée.

Dans la pièce à l'arrière du magasin, McGregor alluma le gaz et, ôtant son pardessus, le jeta sur le canapé à côté de la pièce. Il n'était pas du tout excité et, d'une main ferme, alluma le feu dans le petit poêle, puis levant les yeux, il demanda à Edith s'il pouvait fumer. Il avait l'air d'un homme rentrant chez lui et la femme s'asseyait sur le bord de sa chaise pour dégrafer son chapeau et attendait avec espoir de voir quel cours prendrait l'aventure de la nuit.

Pendant deux heures, McGregor resta assis dans le fauteuil à bascule dans la chambre d'Edith Carson et parla de Coal Creek et de sa vie à Chicago. Il parlait librement, se laissant aller comme un homme parle à un des siens après une longue absence. Son attitude et le ton calme de sa voix troublèrent et intriguèrent Edith. Elle s'était attendue à quelque chose de tout à fait différent.

En se dirigeant vers la petite pièce à côté, elle sortit une bouilloire et se prépara à préparer du thé. Le grand homme était toujours assis sur sa chaise, fumant et parlant. Un délicieux sentiment de sécurité et de confort l'envahit. Elle trouvait sa chambre belle, mais à sa satisfaction se mêlait une légère trace grise de peur. « Bien sûr qu'il ne reviendra plus », pensa-t-elle.

CHAPITRE VII

Au cours de l'année qui a suivi le début de sa rencontre avec Edith Carson, McGregor a continué à travailler dur et régulièrement dans l'entrepôt et avec ses livres la nuit. Il fut promu contremaître, en remplacement de l'Allemand, et il pensait avoir fait des progrès dans ses études. Lorsqu'il n'allait pas à l'école du soir , il allait chez Edith Carson et s'asseyait en lisant un livre et en fumant sa pipe près d'une petite table dans l'arrière-salle.

Edith se déplaçait dans la pièce et dans et hors de sa boutique, doucement et silencieusement. Une lumière commença à entrer dans ses yeux et à colorer ses joues. Elle ne parlait pas mais des pensées nouvelles et audacieuses lui venaient à l'esprit et un frisson de vie réveillée parcourait son corps. Avec une douce insistance, elle ne laissait pas ses rêves s'exprimer par des mots et espérait presque qu'elle pourrait continuer ainsi éternellement, en voyant cet homme fort venir en sa présence et s'asseoir absorbé dans ses propres affaires entre les murs de sa maison. Parfois, elle voulait qu'il parle et souhaitait avoir le pouvoir de l'amener à raconter de petits faits de sa vie. Elle voulait qu'on lui parle de sa mère et de son père, de son enfance dans la ville de Pennsylvanie, de ses rêves et de ses désirs, mais pour la plupart, elle se contentait d'attendre et espérait seulement que rien ne mettrait fin à son attente.

McGregor a commencé à lire des livres d'histoire et s'est absorbé dans les figures de certains hommes, tous soldats et chefs de soldats, qui parcouraient les pages où était écrite l'histoire de la vie de l'homme. Les personnages de Sherman, Grant, Lee, Jackson, Alexander, César, Napoléon et Wellington lui semblaient se dresser nettement parmi les autres personnages des livres et, se rendant à la bibliothèque publique à midi, il se procura des livres concernant ces hommes et pendant un certain temps, il se désintéressa de l'étude du droit et se consacra à la contemplation des contrevenants.

Il y avait quelque chose de beau chez McGregor à cette époque. Il était aussi virginal et pur qu'un morceau de houille noire provenant des collines de son propre État et comme le charbon prêt à se consumer pour devenir pouvoir. La nature avait été gentille avec lui. Il avait le don du silence et de l'isolement. Tout autour de lui se trouvaient d'autres hommes, peut-être aussi forts physiquement que lui et dotés d'un esprit mieux entraîné, qui étaient en train d'être détruits et lui n'était pas détruit. Pour les autres, la vie s'écoule en accomplissant sans cesse de petites tâches, en réfléchissant à de petites pensées et en répétant sans cesse des groupes de mots, comme des perroquets assis dans des cages et gagnant leur pain en criant deux ou trois phrases aux passants . par .

C'est une chose terrible de spéculer sur la façon dont l'homme a été vaincu par sa capacité à prononcer des mots. L'ours brun de la forêt n'a pas un tel pouvoir et son absence lui a permis de conserver une sorte de noblesse de maintien qui nous manque cruellement. Nous continuons notre vie, socialistes, rêveurs, faiseurs de lois, vendeurs de marchandises et partisans du droit de vote des femmes, et nous prononçons continuellement des mots, des mots usés, des mots tordus, des mots sans pouvoir ni grossesse.

Les jeunes et les jeunes filles enclins au bavardage doivent réfléchir sérieusement à cette question. Ceux qui en ont l'habitude ne changeront jamais. Les dieux qui se penchent au bord du monde pour se moquer de nous les ont marqués pour leur stérilité.

Et pourtant, la parole doit continuer à circuler. McGregor, le silencieux, voulait sa parole. Il voulait que sa vraie note d'individu résonne au-dessus du brouhaha des voix et ensuite il voulait utiliser la force et la virilité qui étaient en lui pour porter sa parole loin. Ce qu'il ne voulait pas, c'était que sa bouche devienne fétide et que son cerveau s'engourdisse à force de dire des mots et de penser aux pensées des autres hommes et qu'il devienne à son tour une simple marionnette laborieuse, consommatrice de nourriture et bavarde pour les dieux.

Longtemps, le fils du mineur s'est demandé quelle était la puissance des hommes dont les figures se dressaient avec tant d'audace dans les pages des livres qu'il lisait . Il essayait de réfléchir tout en étant assis dans la chambre d'Edith ou en se promenant seul dans les rues. Dans l'entrepôt, il regarda avec une nouvelle curiosité les hommes qui travaillaient dans les grandes salles, empilant et déployant les barils de pommes et les boîtes d'œufs et de fruits. Lorsqu'il entra dans l'une des pièces, les hommes qui s'étaient tenus en groupes parlaient paresseusement des leurs. les affaires commencèrent à s'affairer. Ils ne bavardaient plus mais tant qu'il restait, il travaillait désespérément, les regardant furtivement tandis qu'il les regardait.

se demanda McGregor. Il essaya de comprendre le mystère du pouvoir qui les rendait disposés à travailler jusqu'à ce que leur corps soit courbé et courbé, qui les rendait sans honte d'avoir peur et qui les laissait finalement de simples esclaves des mots et des formules.

Le jeune homme perplexe qui observait les hommes dans l'entrepôt commença à penser que la passion pour la reproduction pouvait avoir quelque chose à voir avec l'affaire. Peut-être que son association constante avec Edith a éveillé cette pensée. Ses propres reins étaient lourds de graines d'enfants et seule sa concentration dans l'idée de se retrouver l'empêchait de se consacrer à l'alimentation de ses convoitises. Un jour, il eut une conversation à ce sujet à l'entrepôt. C'est ainsi que la conversation s'est déroulée.

Dans l'entrepôt, les hommes entraient par la porte le matin, dérivant comme des mouches qui errent par les fenêtres ouvertes un jour d'été. Les yeux baissés, ils se promenèrent sur le long sol blanc de chaux. Matin après matin, ils entraient par la porte et se rendaient silencieusement à leur place, regardant le sol et renfrognés. Un jeune homme mince, aux yeux brillants, qui servait de commis à l'expédition pendant la journée, était assis dans un petit poulailler et, en passant, les hommes lui appelaient leurs numéros. De temps en temps, le commis aux expéditions, un Irlandais, essayait de plaisanter avec l'un d'eux, tapant brusquement sur son bureau avec un crayon comme pour attirer l'attention. « Ils ne valent rien », se disait-il, quand, en réponse à ses saillies, ils ne faisaient que sourire vaguement. « Bien qu'ils ne reçoivent qu'un dollar et demi par jour, ils sont surpayés ! » Comme McGregor, il n'avait que mépris pour les hommes dont il inscrivait les numéros dans le livre. Il prenait leur stupidité comme un compliment. « Nous sommes du genre à faire avancer les choses », pensa-t-il en remettant le crayon de son oreille et en fermant le livre. Dans son esprit s'enflammait la vaine fierté de l'homme de la classe moyenne . Dans son mépris pour les ouvriers , il oubliait aussi de se mépriser lui-même.

Un matin, McGregor et le commis aux expéditions se tenaient sur une plate-forme face à la rue et le commis aux expéditions parla de filiation. "Les femmes des ouvriers ici ont des enfants comme le bétail a des veaux", a déclaré l'Irlandais. Ému par quelque sentiment caché en lui, il ajouta chaleureusement. « Eh bien, à quoi sert un homme ? C'est agréable de voir des enfants à la maison. J'ai moi-même quatre enfants. Vous devriez les voir jouer dans le jardin de chez moi à Oak Park quand je rentre à la maison le soir.

McGregor pensa à Edith Carson et une légère faim commença à grandir en lui. Un désir qui allait plus tard faillir bouleverser le but de sa vie commença à se faire sentir. Avec un grognement, il combattit le désir et confondit l'Irlandais en l'attaquant. "Eh bien, comment vas-tu mieux?" » demanda-t-il sans détour. « Pensez-vous que vos enfants sont plus importants que les leurs ? Vous avez peut-être un meilleur esprit, mais leurs corps sont meilleurs et votre esprit ne fait pas de vous une silhouette très frappante, à ce que je sache.

Se détournant de l'Irlandais qui avait commencé à cracher de colère, McGregor monta dans un ascenseur jusqu'à une partie éloignée du bâtiment pour réfléchir aux paroles de l'Irlandais. De temps en temps , il parlait brusquement à un ouvrier qui flânait dans un des couloirs, entre les piles de caisses et de tonneaux. Sous sa main, le travail dans l'entrepôt avait commencé à prendre de l'ordre et le petit surintendant aux cheveux gris qui l'avait employé se frottait les mains avec délice.

Dans un coin près d'une fenêtre, McGregor se demandait pourquoi il ne voulait pas non plus consacrer sa vie à être père d'enfants. Dans la pénombre de la fenêtre, une grosse vieille araignée rampait lentement. Dans le corps hideux de l'insecte, il y avait quelque chose qui suggérait à l'esprit du penseur en difficulté la paresse du monde. Vaguement, son esprit tâtonnait pour essayer de trouver des mots et des idées pour exprimer ce qu'il y avait dans son cerveau. « Des choses laides et rampantes qui regardent le sol », marmonna-t-il. « S'ils ont des enfants, c'est sans ordre ni but ordonné. C'est un accident comme celui de la mouche qui tombe dans le filet construit par l'insecte ici. La venue des enfants est comme la venue des mouches, elle alimente une sorte de lâcheté chez les hommes. Chez les enfants, les hommes espèrent en vain faire réaliser ce qu'ils n'ont pas le courage d'essayer de faire.

Avec un serment, McGregor écrasa avec son lourd gant de cuir la grosse chose qui errait sans but à travers la lumière. « Je ne dois pas me laisser dérouter par de petites choses. On continue à essayer de me forcer à entrer dans le trou dans le sol. Il y a ici un trou dans lequel les hommes vivent et travaillent, tout comme il y en a dans la ville minière d'où je viens.

Ce soir-là, sortant précipitamment de sa chambre, McGregor alla voir Edith. Il voulait la regarder et réfléchir. Dans la petite pièce du fond , il resta assis pendant une heure à essayer de lire un livre, puis, pour la première fois, il partagea ses pensées avec elle. « J'essaie de découvrir pourquoi les hommes ont si peu d'importance », dit-il soudain. « S'agit-il de simples outils destinés aux femmes ? Dis moi ça. Dites-moi ce que pensent les femmes et ce qu'elles veulent ?

Sans attendre de réponse , il se remit à lire le livre. « Eh bien, a-t-il ajouté, cela n'a pas besoin de me déranger. Je ne laisserai aucune femme me conduire à devenir un outil de reproduction pour elle.

Edith était alarmée. Elle a pris l'explosion de McGregor comme une déclaration de guerre contre elle-même et contre son influence et ses mains ont commencé à trembler. Puis une nouvelle pensée lui vint. « Il a besoin d'argent pour réussir dans le monde », se dit-elle et un petit frisson de joie la parcourut en pensant à son propre trésor soigneusement gardé. Elle se demandait comment elle pourrait le lui proposer pour qu'il n'y ait aucun risque de refus.

"Tout va bien", a déclaré McGregor, se préparant à partir. "Vous n'interférez pas avec les pensées d'un homme."

Edith rougit et, comme les ouvriers de l'entrepôt, regarda le sol. Quelque chose dans ses paroles la surprit et quand il fut parti , elle se dirigea vers son bureau et sortit son livret de banque et en tourna les pages avec un nouveau plaisir. Sans hésitation, celle qui ne se livrait à rien aurait tout donné à McGregor.

Et l'homme sortit dans la rue, pensant à ses propres affaires. Il chassa de son esprit les pensées des femmes et des enfants et recommença à penser aux personnages émouvants de l'histoire qui l'avaient si fortement attiré. Alors qu'il traversait l'un des ponts, il s'arrêta et se pencha par-dessus le rail pour regarder l'eau noire en contrebas. « Pourquoi la pensée n'a-t-elle jamais réussi à remplacer l'action ? se demanda-t-il. "Pourquoi les hommes qui écrivent des livres sont-ils, d'une manière ou d'une autre, moins pleins de sens que les hommes qui font des choses ?"

McGregor était stupéfait par l'idée qui lui était venue et se demandait s'il avait commencé sur une mauvaise voie en venant en ville et en essayant de s'instruire. Pendant une heure, il resta dans l'obscurité et essaya de réfléchir. Il commença à pleuvoir mais cela ne le dérangeait pas. Dans son cerveau commença à s'insinuer le rêve d'un vaste ordre issu du désordre. Il était comme quelqu'un se tenant en présence d'une machine gigantesque comportant de nombreuses pièces complexes qui avaient commencé à fonctionner de manière folle, chaque pièce sans se soucier du but de l'ensemble. « Il y a aussi un danger à réfléchir », marmonna-t-il vaguement. « Partout il y a du danger, dans le travail , dans l'amour et dans la pensée. Que dois-je faire de moi-même ?

McGregor se retourna et leva les mains. Une nouvelle pensée balaya comme un large chemin de lumière les ténèbres de son esprit. Il commença à se rendre compte que les soldats qui avaient mené des milliers d'hommes au combat avaient fait appel à lui parce que, pour réaliser leurs desseins, ils avaient utilisé des vies humaines avec l'insouciance des dieux. Ils avaient trouvé le courage de le faire et leur courage était magnifique. Au plus profond du cœur des hommes dormait l'amour de l'ordre et ils s'étaient emparés de cet amour. S'ils l'avaient mal utilisé, est-ce important ? N'avaient-ils pas montré le chemin ?

De retour dans l'esprit de McGregor, une scène nocturne dans sa ville natale est revenue. Il imaginait vivement la pauvre petite rue négligée faisant face à la voie ferrée et les groupes de mineurs en grève blottis dans la lumière devant la porte d'un saloon tandis que sur la route défilait un corps de soldats, leurs uniformes gris et leurs visages sombres. la lumière incertaine. "Ils ont marché", a murmuré McGregor. « C'est ce qui les rendait si puissants. Ce n'étaient que des hommes ordinaires, mais ils se déplaçaient comme un seul homme. Quelque chose dans ce fait les ennoblit. C'est ce que Grant savait et ce que César savait. C'est ce qui a fait paraître Grant et César si grands. Ils savaient et n'avaient pas peur d'utiliser leurs connaissances. Peut-être n'ont-ils pas pris la peine de réfléchir à la manière dont tout cela allait se passer. Ils espéraient qu'un autre type d'homme réfléchirait. Peut-être qu'ils n'ont pensé à rien du tout, mais qu'ils sont simplement allés de l'avant et ont essayé de faire chacun leur part.

"Je ferai ma part ici", a crié McGregor. "Je trouverai le chemin." Son corps tremblait et sa voix rugissait sur le trottoir du pont. Les hommes s'arrêtèrent pour regarder le grand personnage qui criait. Deux femmes qui passaient par là ont crié et ont couru sur la chaussée. McGregor s'éloigna rapidement vers sa propre chambre et ses livres. Il ne savait pas comment il pourrait utiliser la nouvelle impulsion qui lui était venue, mais alors qu'il avançait à travers les rues sombres et les rangées de bâtiments sombres, il repensa à la grande machine qui fonctionnait follement et sans but et était heureux d'être en mesure de le faire. n'en fait pas partie. "Je vais rester seul et être prêt à faire face à ce qui arrive", a-t-il déclaré, brûlant d'un nouveau courage.

LIVRE III

CHAPITRE I

Lorsque McGregor eut obtenu une place dans l'entrepôt de pommes et rentra chez lui à Wycliff Place avec son salaire de la première semaine, douze dollars, en poche, il pensa à sa mère, Nance McGregor, travaillant dans les bureaux de la mine de la ville de Pennsylvanie. et en pliant un billet de cinq dollars , il le lui envoya dans une lettre. « Je vais commencer à m'occuper d'elle maintenant », pensa-t-il et, avec le sens brutal de l'équité en pareille matière, commun aux gens qui travaillent , il n'avait pas l'intention de se donner des airs. « Elle m'a nourri et maintenant je vais commencer à la nourrir », se dit-il.

Les cinq dollars sont revenus. "Garde le. Je ne veux pas de votre argent », a écrit la mère. « S'il vous reste de l'argent une fois vos dépenses payées, commencez à vous arranger. Mieux vaut acheter une nouvelle paire de chaussures ou un chapeau. N'essaye pas de prendre soin de moi. Je ne l'aurai pas. Je veux que tu fasses attention à toi. Habillez-vous bien et relevez la tête, c'est tout ce que je demande. En ville, les vêtements comptent beaucoup. À long terme, cela signifiera plus pour moi de te voir être un vrai homme que d'être un bon fils.

Assise dans ses appartements au-dessus de la boulangerie vacante à Coal Creek, Nance a commencé à tirer une nouvelle satisfaction de la contemplation d'elle-même en tant que femme avec un fils en ville. Le soir, elle l'imaginait se déplaçant dans les rues bondées d'hommes et de femmes et sa petite silhouette courbée se redressait de fierté. Lorsqu'une lettre lui parvint lui racontant son travail à l'école du soir, son cœur fit un bond et elle écrivit une longue lettre remplie de discussions sur Garfield et Grant et sur Lincoln allongé près du nœud de pin brûlant en train de lire ses livres. Il lui semblait incroyablement romantique que son fils devienne un jour avocat et se lève dans une salle d'audience bondée pour exprimer ses pensées à d'autres hommes. Elle pensait que si ce grand garçon aux cheveux roux, qui à la maison avait été si ingérable et si rapide avec ses poings, devait finir par être un homme de livres et d'intelligence, alors elle et son homme, Cracked McGregor, n'avaient pas vécu dans vaine. Un nouveau sentiment de paix lui est venu. Elle oublia ses propres années de labeur et, peu à peu, son esprit revint au garçon silencieux assis avec elle sur les marches devant sa maison, l'année qui suivit la mort de son mari, pendant qu'elle lui parlait du monde, et ainsi elle pensait à lui, à un un garçon calme et impatient, se promenant courageusement dans la ville lointaine.

La mort a pris Nance McGregor par surprise. Après une de ses longues journées de labeur dans le bureau de la mine, elle se réveilla et le trouva assis sombre et attendant à côté de son lit. Depuis des années, elle souffrait, comme la plupart des femmes de la ville charbonnière, de ce qu'on appelle des « troubles cardiaques ». De temps en temps, elle avait des « mauvais sorts ». En ce soir de printemps, elle se mit au lit et, assise parmi les oreillers, combattit seule, comme un animal épuisé qui s'est glissé dans un trou dans les bois.

Au milieu de la nuit, la conviction lui est venue qu'elle allait mourir. La mort semblait se déplacer dans la pièce et l'attendre. Dans la rue, deux hommes ivres discutaient, leurs voix préoccupées par leurs propres affaires humaines entrant par la fenêtre et faisant paraître la vie très proche et chère à la mourante. «Je suis allé partout», a déclaré l'un des hommes. « J'ai visité des villes et des villages dont je ne me souviens même pas du nom. Vous demandez à Alex Fielder qui tient un saloon à Denver. Demandez-lui si Gus Lamont était là.

L'autre homme rit. "Tu as bu trop de bière chez Jake," railla-t-il.

Nance entendit les deux hommes trébucher dans la rue, le voyageur protestant contre l'incrédulité de son ami. Il lui semblait que la vie, avec toutes ses couleurs , sons et sens, fuyait sa présence. L'échappement du moteur de la mine résonnait dans ses oreilles. Elle imaginait la mine comme un grand monstre endormi sous terre, son énorme nez dressé en l'air, sa gueule ouverte pour manger les hommes. Dans l'obscurité de la pièce, son manteau, jeté sur le dossier d'une chaise, prenait la forme et le contour d'un visage énorme et grotesque, regardant silencieusement le ciel devant elle.

Nance McGregor haletait et luttait pour reprendre son souffle. Elle saisit les draps avec ses mains et se débattit sombrement et silencieusement. Elle ne pensait pas à l'endroit où elle pourrait aller après sa mort. Elle essayait de ne pas y aller. Cela avait été son habitude de se battre pour ne pas faire de rêves.

Nance pensait à son père, ivre et dépensant son argent autrefois avant son mariage, aux promenades qu'elle faisait, jeune fille, avec son amant le dimanche après-midi et aux moments où ils allaient s'asseoir ensemble sur le flanc de la colline. surplombant le pays agricole. Comme dans une vision, la femme mourante voyait la vaste terre fertile s'étendre devant elle et se reprochait de ne pas avoir fait davantage pour aider son homme à réaliser les projets qu'elle et lui avaient faits pour y aller et vivre. Puis elle repensa à la nuit où son fils était arrivé et à la façon dont ils étaient allés chercher son homme de la mine, ils l'avaient trouvé apparemment mort sous les poutres tombées, de sorte qu'elle pensait que la vie et la mort l'avaient visitée main dans la main en une nuit. .

Nance s'assit avec raideur dans son lit. Elle crut entendre un bruit de pas lourds dans les escaliers. "Ce sera Beaut qui viendra du magasin", marmonna-t-elle et elle retomba morte sur l'oreiller.

Nance s'assit avec raideur dans son lit. Elle crut entendre un bruit de pas lourds dans les escaliers. "Ce sera Beaut qui viendra du magasin", marmonna-t-elle et elle retomba morte sur l'oreiller.

CHAPITRE II

Beaut McGregor rentra chez lui en Pennsylvanie pour enterrer sa mère et, un après-midi d'été , se promena à nouveau dans les rues de sa ville natale. De la gare, il se rendit aussitôt à la boulangerie vide, au-dessus de laquelle il vivait avec sa mère, mais il n'y resta pas. Pendant un moment, il resta debout, son sac à la main, à écouter les voix des femmes des mineurs dans la pièce du dessus, puis il plaça le sac derrière une boîte vide et s'enfuit précipitamment. Les voix des femmes brisèrent le silence de la pièce dans laquelle il se tenait. Leur légère acuité blessait quelque chose en lui et il ne pouvait pas supporter l'idée du silence tout aussi mince et aigu qu'il savait qu'il tomberait sur les femmes qui s'occupaient du corps de sa mère dans la pièce du dessus lorsqu'il entrerait en présence des morts.

Le long de Main Street, il s'est rendu dans une quincaillerie et de là, il s'est rendu au bureau de la mine. Puis, avec une pioche et une pelle sur l'épaule, il commença à gravir la colline qu'il avait gravie avec son père quand il était enfant. Dans le train du retour, une idée lui était venue. « Je la mettrai parmi les buissons sur le flanc de la colline qui domine la vallée fertile », se dit-il. Les détails d'une discussion religieuse entre deux ouvriers qui s'étaient déroulés un jour à midi à l'entrepôt lui étaient venus à l'esprit et alors que le train roulait vers l'est , il se retrouva pour la première fois à spéculer sur la possibilité d'une vie après la mort. Puis il écarta ces pensées. « Quoi qu'il en soit , si Cracked McGregor revient, c'est là que vous le trouverez, assis sur la bûche à flanc de colline », pensa-t-il.

Avec les outils sur son épaule, McGregor gravit la longue route à flanc de colline, maintenant recouverte de poussière noire. Il allait creuser la tombe pour l'enterrement de Nance McGregor. Il ne regarda pas les mineurs qui passaient en balançant leurs seaux comme ils le faisaient autrefois, mais regarda le sol et pensa à la femme morte et se demanda un peu quelle place une femme finirait par occuper dans sa propre vie. . Sur le flanc de la colline, le vent soufflait fort et le grand garçon qui venait tout juste de devenir un homme travaillait vigoureusement pour faire voler la terre. Lorsque le trou fut devenu profond , il s'arrêta et regarda vers l'endroit où, dans la vallée en contrebas, un homme qui binait du maïs criait à une femme qui se tenait sur le porche d'une ferme. Deux vaches qui se tenaient près d'une clôture dans un champ levèrent la tête et braillèrent vigoureusement. "C'est l'endroit où reposent les morts", a murmuré McGregor. "Quand mon heure viendra, je serai élevé ici." Une idée lui vint. « Je ferai déplacer le corps de mon père », se dit-il. « Quand j'aurai gagné de l'argent , je le ferai. Ici, nous finirons tous par nous coucher, nous tous, McGregors .

La pensée qui était venue à McGregor lui plaisait et il était également content de lui-même d'avoir pensé à cette pensée. Le mâle en lui lui faisait rejeter les épaules en arrière. « Nous sommes deux d'une plume, mon père et moi », marmonna-t-il, « deux d'une plume et ma mère ne nous a compris ni l'un ni l'autre. Peut-être qu'aucune femme n'a jamais été censée nous comprendre.

Sautant hors du trou, il franchit à grands pas la crête de la colline et commença la descente vers la ville. C'était la fin de l'après-midi et le soleil s'était couché derrière les nuages. "Je me demande si je me comprends moi-même, si quelqu'un comprend", pensa-t-il en avançant rapidement, les outils claquant sur son épaule.

McGregor ne voulait pas retourner en ville et voir la femme morte dans la petite pièce. Il pensa aux femmes des mineurs, assistantes des morts, qui s'asseyaient les mains croisées pour le regarder et quittaient la route pour s'asseoir sur le rondin tombé là où, un dimanche après-midi, il s'était assis avec le garçon aux cheveux noirs qui travaillait dans la salle de billard et où la fille du croque-mort était venue s'asseoir à côté de lui.

Et puis, en haut de la longue colline, la femme elle-même est arrivée. Alors qu'elle s'approchait, il reconnut sa grande silhouette et, pour une raison quelconque, une boule lui serra la gorge. Elle l'avait vu partir de la ville avec la pioche et la pelle sur l'épaule et après avoir attendu ce qu'elle pensait un intervalle assez long pour calmer les langues des autres. les ragots avaient suivi. «Je voulais te parler», dit-elle en grimpant sur des rondins et en venant s'asseoir à côté de lui.

Pendant un long moment , l'homme et la femme restèrent assis en silence et regardèrent la ville située dans la vallée en contrebas. McGregor pensa qu'elle était devenue plus pâle que jamais et la regarda attentivement. Son esprit, plus habitué à porter un regard critique sur les femmes que ne l'avait été celui du garçon qui lui parlait autrefois sur la même bûche, commença à inventorier son corps. « Elle est déjà voûtée », pensa-t-il. "Je ne voudrais pas lui faire l'amour maintenant."

La fille du croque-mort se dirigea vers lui le long du rondin et, avec un rapide élan d'audace, glissa une main fine dans la sienne. Elle se mit à parler de la morte gisant dans la chambre à l'étage de la ville. «Nous sommes amis depuis votre départ», expliqua-t-elle. "Elle aimait parler de toi et j'aimais ça aussi."

Enhardie par sa propre audace, la femme se précipita. «Je ne veux pas que vous me compreniez mal», dit-elle. « Je sais que je ne peux pas t'avoir. Je ne pense pas à ça.

Elle commença à parler de ses propres affaires et de la morosité de la vie avec son père, mais l'esprit de McGregor ne parvenait pas à se concentrer sur son discours. Lorsqu'ils commencèrent à descendre la colline , il eut envie de la prendre dans ses bras et de la porter comme Cracked McGregor l'avait autrefois porté, mais il était tellement embarrassé qu'il ne lui proposa pas de l'aider. Il crut que pour la première fois quelqu'un de sa ville natale s'était approché de lui et il observa sa silhouette voûtée avec un étrange sentiment de tendresse. « Je ne vivrai pas longtemps, peut-être pas un an. J'ai la consommation », murmura-t-elle doucement alors qu'il la quittait à l'entrée du couloir menant à sa maison, et McGregor fut tellement ému par ses paroles qu'il fit demi-tour et passa encore une heure à errer seul sur le flanc de la colline avant de est allé voir le corps de sa mère.

Dans la pièce au-dessus de la boulangerie, McGregor était assis devant une fenêtre ouverte et regardait la rue faiblement éclairée. Dans un coin de la pièce gisait sa mère dans un cercueil et deux femmes de mineurs étaient assises dans l'obscurité derrière lui. Tous étaient silencieux et embarrassés.

McGregor se pencha par la fenêtre et observa un groupe de mineurs rassemblés dans un coin. Il pensa à la fille du croque-mort, maintenant proche de la mort, et se demanda pourquoi elle s'était soudainement rapprochée de lui. « Ce n'est pas parce qu'elle est une femme, je le sais », se dit-il en essayant d'éloigner cette question de son esprit en observant les gens dans la rue en contrebas.

Dans la ville minière, une réunion se tenait. Une boîte gisait au bord du trottoir et dessus grimpait le même jeune Hartnet qui avait autrefois parlé à McGregor et qui gagnait sa vie en ramassant des œufs d'oiseaux et en piégeant des écureuils dans les collines. Il avait peur et parlait rapidement. Bientôt, il présenta un grand homme au nez plat qui, lorsqu'il fut à son tour monté sur la caisse, se mit à raconter des histoires et des anecdotes destinées à faire rire les mineurs.

McGregor a écouté. Il aurait souhaité que la fille du croque-mort soit là, assise dans la pièce sombre à côté de lui. Il crut vouloir lui raconter sa vie en ville et combien la vie moderne lui paraissait désorganisée et inefficace. La tristesse envahit son esprit et il pensa à sa mère décédée et à la façon dont cette autre femme allait bientôt mourir. « C'est aussi bien. Il n'y a peut-être pas d'autre voie, pas de marche ordonnée vers une fin ordonnée. Peut-être qu'il faut mourir et retourner à la nature pour y parvenir », se murmura-t-il.

Dans la rue en contrebas, l'homme sur la loge, qui était un orateur socialiste ambulant, commença à parler de la révolution sociale à venir. Pendant qu'il parlait, il semblait à McGregor que sa mâchoire s'était relâchée à cause de beaucoup de remuements et que tout son corps était lâche et sans force. L'orateur dansait de haut en bas sur la boîte et ses bras battaient et ceux-ci semblaient également lâches, ne faisant pas partie du corps.

"Votez avec nous et c'est fait", a-t-il crié. « Allez-vous laisser quelques hommes diriger les choses pour toujours ? Ici vous vivez comme des bêtes rendant hommage à vos maîtres. Réveillez-vous. Rejoignez-nous dans la lutte. Vous pouvez vous-mêmes être des maîtres, si seulement vous le pensez.

"Vous devrez faire quelque chose de plus que penser", rugit McGregor en se penchant loin vers la fenêtre. Encore une fois, comme toujours, lorsqu'il entendait des hommes dire des mots, il était aveuglé par la colère. Il se souvenait très clairement des promenades qu'il faisait parfois la nuit dans les rues de la ville et de l'air d'inefficacité désordonnée qui l'entourait. Et ici, dans la ville minière, c'était pareil. De tous côtés apparaissaient des visages vides et vides et des corps lâches et mal tricotés.

« L'humanité devrait être comme un grand poing prêt à briser et à frapper. Il devrait être prêt à renverser ce qui se dresse sur son chemin », a-t-il crié, stupéfiant la foule dans la rue et rendant presque hystériques les deux femmes qui étaient assises avec lui à côté de la morte dans la pièce sombre.

CHAPITRE III

Les funérailles de Nance McGregor étaient un événement à Coal Creek. Dans l'esprit des mineurs , elle représentait quelque chose. Craignant et haïssant le mari et le grand fils aux gros poings, ils avaient pourtant de la tendresse pour la mère et la femme. « Elle a perdu son argent en nous distribuant du pain », ont-ils déclaré en frappant sur le bar du saloon. La nouvelle courait parmi eux et ils revenaient sans cesse sur le sujet. Le fait qu'elle avait perdu son homme deux fois : une fois dans la mine lorsque le bois est tombé et lui a obscurci le cerveau, puis plus tard lorsque son corps gisait noir et déformé près de la porte du McCrary coupé après le terrible incendie de la mine. - a peut-être été oublié, mais le fait qu'elle avait autrefois tenu un magasin et qu'elle avait perdu son argent en les servant n'a pas été oublié.

Le jour des funérailles, les mineurs sont sortis de la mine et se sont tenus en groupes dans la rue et dans la boulangerie vacante. Les hommes de l'équipe de nuit avaient le visage lavé et s'étaient mis des colliers en papier blanc autour du cou. L'homme qui possédait le salon a verrouillé la porte d'entrée et, mettant les clés dans sa poche, se tenait sur le trottoir, regardant silencieusement les fenêtres des chambres de Nance McGregor. D'autres mineurs, des hommes de l'équipe de jour, arrivaient le long de la piste depuis les mines. Posant leurs seaux sur la pierre le long de la façade du salon et traversant la voie ferrée, ils s'agenouillèrent et lavèrent leurs visages noircis dans le ruisseau rouge qui coulait au pied du talus. La voix du pasteur, un jeune homme élancé, semblable à une guêpe, avec des cheveux noirs et des ombres sombres sous les yeux flottaient vers les hommes qui écoutaient. Un train de wagons chargés de coke passait en grondant à l'arrière des magasins.

McGregor était assis à la tête du cercueil, vêtu d'un nouveau costume noir. Il fixait le mur derrière la tête du prédicateur, sans entendre, pensant à ses propres pensées.

Derrière McGregor était assise la fille pâle du croque-mort. Elle se pencha en avant jusqu'à toucher le dossier de la chaise devant elle et s'assit, le visage enfoui dans un mouchoir blanc. Ses pleurs traversèrent la voix du prédicateur dans la petite salle bondée remplie de femmes de mineurs et, au milieu de sa prière pour les morts, elle fut prise d'une violente quinte de toux et dut se lever et sortir précipitamment de la pièce. .

Après les services dans les salles au-dessus de la boulangerie, un cortège s'est formé sur la rue Main. Comme des garçons maladroits, les mineurs se groupaient en groupes et marchaient derrière le corbillard noir et la voiture dans laquelle étaient assis le fils de la morte avec le ministre. Les hommes continuaient à se regarder et à sourire timidement. Aucun arrangement n'avait été pris pour suivre le corps jusqu'à sa tombe et lorsqu'ils pensaient au fils et à l' attitude qu'il avait toujours eu à leur égard, ils se demandaient s'il voulait ou non qu'ils le suivent.

Et McGregor n'était pas conscient de tout cela. Il s'assit dans la voiture à côté du ministre et, les yeux aveugles, regarda par-dessus la tête des chevaux. Il pensait à sa vie en ville et à ce qu'il devrait y faire plus tard, à Edith Carson, assise dans la salle de danse bon marché et aux soirées qu'il avait passées avec elle, au barbier sur le banc du parc parlant de femmes. et de sa vie avec sa mère quand il était enfant dans la ville minière.

Alors que la calèche gravissait lentement la colline, suivie par les mineurs, McGregor commença à aimer sa mère. Pour la première fois, il se rendit compte que sa vie était pleine de sens et qu'à sa manière de femme, elle avait été tout aussi héroïque au cours de ses années de labeur patient que son homme Cracked McGregor lorsqu'il avait couru vers la mort dans la mine en feu. Les mains de McGregor commencèrent à trembler et ses épaules se redressèrent. Il prit conscience des hommes, de ces enfants muets et noircis du labeur qui traînaient leurs jambes fatiguées jusqu'au sommet de la colline.

Pour quoi? McGregor se leva dans la voiture et se retourna pour regarder les hommes. Puis il tomba à genoux sur le siège de la voiture et les observa avec impatience, son âme criant à quelque chose qu'il pensait être caché parmi leur masse noire, quelque chose qui était la note dominante de leur vie, quelque chose qu'il n'avait pas attendu. et auquel il n'avait pas cru.

McGregor, agenouillé dans la voiture découverte au sommet de la colline et regardant les hommes en marche s'élever lentement et péniblement, eut soudain un de ces étranges réveils qui sont la récompense de l'embonpoint chez les âmes vaillantes. Un vent fort souleva la fumée des fours à coke et la fit monter sur la colline située de l'autre côté de la vallée. Le vent semblait avoir également dissipé une partie de la brume qui couvrait ses yeux. Au pied de la colline, le long de la voie ferrée, il apercevait le petit ruisseau, un des ruisseaux rouge sang du pays minier, et les maisons d'un rouge terne des mineurs. Le rouge des fours à coke, le soleil rouge se couchant derrière les collines à l'ouest et enfin le ruisseau rouge qui coulait comme une rivière de sang à travers la vallée formaient une scène qui s'inscrivait dans le cerveau du fils du mineur. Une boule lui vint à la gorge et, pendant un moment, il essaya en vain de retrouver sa vieille haine satisfaisante envers la ville et les mineurs, mais cela ne venait pas. Longtemps, il regarda en bas de la colline jusqu'à l'endroit où les mineurs de l'équipe de nuit montaient la colline après la voiture et le corbillard qui se déplaçait lentement. Il lui semblait que, comme lui, ils sortaient de la fumée et des petites maisons sordides des rives de la rivière rouge sang pour se diriger vers quelque chose de nouveau. Quoi?

McGregor secoua lentement la tête comme un animal qui souffre. Il voulait quelque chose pour lui, pour tous ces hommes. Il lui semblait qu'il serait heureux de rester mort comme Nance McGregor pour connaître le secret de ce besoin.

Et puis, comme en réponse au cri de son cœur, la file des hommes en marche emboîta le pas. Une impulsion instantanée semblait parcourir les rangs des silhouettes courbées et travaillant. Peut-être qu'en regardant en arrière, ils avaient capté la magnificence de l'image griffonnée en noir et rouge sur le paysage et en avaient été émus, de sorte que leurs épaules se sont redressées et que le long chant tamisé de la vie a commencé à chanter dans leurs corps. D'un mouvement brusque, les hommes en marche emboîtèrent le pas. Dans l'esprit de McGregor, la pensée d'un autre jour où il s'était tenu sur cette même colline avec l' homme à moitié fou qui empaillait les oiseaux et s'asseyait sur une bûche au bord de la route lisait la Bible et combien il avait détesté ces hommes parce qu'ils ne marchaient pas. avec une précision ordonnée comme les soldats venus les maîtriser. En un éclair, il comprit que lui qui avait détesté les mineurs ne les détestait plus. Avec la perspicacité napoléonienne, il lut une leçon sur l'accident survenu lorsque les hommes tombèrent derrière sa voiture. Une grande pensée sombre lui vint à l'esprit. « Un jour viendra un homme qui mettra ainsi tous les travailleurs du monde au pas », pensait-il. « Il les fera vaincre, non pas les uns les autres, mais le terrifiant désordre de la vie. Si leur vie a été détruite par le désordre, ce n'est pas de leur faute. Ils ont été trahis par les ambitions de leurs dirigeants, tous les hommes les ont trahis. McGregor pensait que son esprit balayait les hommes, que les impulsions de son esprit, comme des êtres vivants, couraient parmi eux, leur criant, les touchant, les caressant. L'amour envahit son esprit et fit frissonner son corps. Il pensait aux ouvriers de l'entrepôt de Chicago et aux millions d'autres ouvriers qui, dans cette grande ville, dans toutes les villes, partout, allaient à la fin de la journée en traînant les pieds dans les rues jusqu'à leurs maisons, sans emporter avec eux ni chanson, ni chanson. de l'espoir, rien d'autre que quelques dollars dérisoires pour acheter de la nourriture et maintenir en vie l'interminable schéma blessant des choses. « Il y a une malédiction sur mon pays », a-t-il crié. « Tout le monde est venu ici pour gagner de l'argent, s'enrichir et réussir. Supposons qu'ils commencent à vouloir vivre ici. Supposons qu'ils arrêtent de penser au gain, aux dirigeants et aux partisans des dirigeants. Ce sont des enfants. Supposons que, comme les enfants, ils commencent à jouer à un jeu plus important. Supposons qu'ils puissent simplement apprendre à marcher, rien d'autre. Supposons qu'ils commencent à faire avec leur corps ce que leur esprit n'est pas assez fort pour faire : apprendre simplement une chose simple : marcher, et chaque fois que deux, quatre ou mille d'entre eux se réunissent, marchez.

Les pensées de McGregor l'émouvaient au point qu'il avait envie de crier. Au lieu de cela, son visage devint sévère et il essaya de se maîtriser. "Non, attends," murmura-t-il. "Entraînez-vous. Voici quelque chose pour donner du sens à votre vie. Soyez patient et attendez. De nouveau, ses pensées s'envolèrent, se dirigeant vers les hommes qui avançaient. Les larmes lui montèrent aux yeux. « Les hommes ne leur ont enseigné cette grande leçon que lorsqu'ils voulaient tuer. Cela doit être différent. Quelqu'un doit leur enseigner la grande leçon juste pour eux-mêmes, afin qu'ils le sachent aussi. Ils doivent chasser la peur, le désordre et l'inutilité. Cela doit venir en premier.

McGregor se tourna et se força à s'asseoir tranquillement à côté du ministre dans la voiture. Il est devenu amer contre les dirigeants des hommes, les personnages de l'histoire ancienne qui occupaient autrefois une si grande place dans son esprit.

« Ils leur ont à moitié appris le secret pour ensuite les trahir », marmonna-t-il. « Les hommes de livres et les hommes intelligents ont fait de même. Ce type à la mâchoire lâche dans la rue hier soir, il doit y en avoir des milliers, qui parlent jusqu'à ce que leurs mâchoires pendent comme des portes usées. Les mots ne veulent rien dire, mais lorsqu'un homme marche avec mille autres hommes et ne le fait pas pour la gloire d'un roi, alors cela signifie quelque chose. Il saura alors qu'il fait partie de quelque chose de réel et il saisira le rythme de la messe et se glorifiera du fait qu'il fait partie de la messe et que la messe a un sens. Il commencera à se sentir bien et puissant. McGregor sourit sinistrement. « C'est ce que savent les grands chefs d'armées », murmura-t-il. « Et ils ont vendu des hommes. Ils ont utilisé ce savoir pour soumettre les hommes, pour les obliger à servir leurs propres petites fins.

McGregor continuait de regarder les hommes et, d'une manière étrange, de s'interroger sur lui-même et sur la pensée qui lui était venue. «Cela peut être fait», dit-il à voix haute. «Cela sera fait par quelqu'un , un jour. Pourquoi pas par moi ?

Ils ont enterré Nance McGregor dans le trou profond creusé par son fils devant la bûche à flanc de colline. Le matin de son arrivée , il avait obtenu la permission de la société minière propriétaire du terrain d'en faire le lieu de sépulture des McGregor .

Lorsque le service funéraire fut terminé , il regarda autour de lui les mineurs, debout à découvert le long de la colline et sur la route qui descendait dans la vallée, et sentit qu'il aimerait leur dire ce qu'il avait en tête. Il a eu envie de sauter sur la bûche à côté de la tombe et en présence des champs verts que son père aimait et à travers la tombe de Nance McGregor leur a crié en disant : « Votre cause sera ma cause. Mon cerveau et ma force seront à vous. Vos ennemis, je les frapperai à poing nu. Au lieu de cela, il les dépassa rapidement et, au sommet de la colline, il descendit vers la ville dans la nuit qui s'approchait.

McGregor ne pouvait pas dormir sur cette dernière nuit qu'il devait passer à Coal Creek. Quand la nuit tomba, il longea la rue et se plaça au pied de l'escalier qui conduisait à la maison de la fille du croque-mort. Les émotions qui l'avaient envahi au cours de l'après-midi avaient soumis son esprit et il voulait être avec quelqu'un qui serait également calme et calme. Comme la femme ne descendait pas les escaliers pour se tenir dans le couloir comme elle l'avait fait dans son enfance, il monta et frappa à sa porte. Ensemble, ils longèrent Main Street et gravirent la colline.

La fille du croque-mort marchait avec difficulté et fut obligée de s'arrêter et de s'asseoir sur une pierre au bord de la route. Lorsqu'elle tenta de se lever, McGregor la prit dans ses bras et lorsqu'elle protesta, il tapota sa fine épaule avec sa grosse main et lui murmura. "Tais-toi", dit-il. « Ne parlez de rien. Tais-toi."

Les nuits sur les hauteurs des villes minières sont magnifiques. Les longues vallées, creusées et crevassées par les chemins de fer et enlaidies par les petites maisons sordides des mineurs, se perdent à moitié dans la douce obscurité. De l'obscurité émergent des sons. Les wagons à charbon grincent et protestent lorsqu'ils sont poussés sur les rails. Des voix crient. Avec un long crépitement réverbérant, l'un des wagons de la mine déverse sa charge dans une goulotte métallique dans un wagon stationné sur la voie ferrée. En hiver, de petits feux sont allumés le long des voies ferrées par les ouvriers qui travaillent à la boisson et les nuits d'été, la lune apparaît et touche avec une beauté sauvage les bancs de fumée noire qui s'élèvent des longues rangées de fours à coke.

Avec la femme malade dans ses bras, McGregor était assis en silence sur la colline au-dessus de Coal Creek et laissait de nouvelles pensées et de nouvelles impulsions jouer avec son esprit. L'amour pour la figure de sa mère qui lui était venu au cours de l'après-midi revint et il prit dans ses bras la femme du pays minier et la serra contre sa poitrine.

L'homme en lutte dans les collines de son propre pays, qui essayait de débarrasser son âme de la haine des hommes nourrie en lui par le désordre de la vie, releva la tête et pressa fortement le corps de la fille du croque-mort contre son propre corps. La femme, comprenant son humeur, touchait son manteau de ses doigts fins et souhaitait pouvoir mourir là, dans l'obscurité, dans les bras de l'homme qu'elle aimait. Lorsqu'il prit conscience de sa présence et relâcha la prise de ses bras autour de ses épaules, elle resta immobile et attendit qu'il oublie encore et encore de la serrer fort et de lui laisser sentir dans son corps épuisé sa force et sa virilité massives.

«C'est un travail. C'est quelque chose de grand que je peux essayer de faire », se murmura-t-il et vit en imagination la grande ville désordonnée des plaines occidentales bercée par le balancement et le rythme des hommes, excités et éveillant avec leurs corps un chant de vie nouvelle.

- 89 -

LIVRE IV

CHAPITRE I

Chicago est une vaste ville et des millions de personnes vivent dans les limites de son influence. Il se trouve au cœur de l'Amérique, presque au son des feuilles vertes craquantes du maïs dans les vastes champs de maïs de la vallée du Mississippi. Elle est habitée par des hordes d'hommes de toutes nations qui ont traversé les mers ou les villes maritimes occidentales pour faire fortune. De tous côtés, les hommes s'affairent à faire fortune.

Dans les petits villages polonais, on murmure le mot : « En Amérique, on gagne beaucoup d'argent », et les âmes aventureuses ne sont parties que pour atterrir enfin, un peu perplexes et déconcertées, dans des chambres étroites et malodorantes de Halstead Street à Chicago.

Dans les villages américains, l'histoire a été racontée. Ici, cela n'a pas été murmuré mais crié. Les magazines et les journaux ont fait le travail. La parole concernant le fait de gagner de l'argent court sur la terre comme le vent parmi les blés. Les jeunes hommes écoutent et s'enfuient à Chicago. Ils ont de la vigueur et de la jeunesse, mais en eux aucun rêve, aucune tradition de dévotion à autre chose que le gain n'a été bâtie .

Chicago est un vaste gouffre de désordre. Voilà la passion du gain, l'esprit même de la bourgeoise enivrée de désir. Le résultat est quelque chose de terrible. Chicago est sans leader, sans but, négligée et aux talons.

Et derrière Chicago se trouvent les longs champs de maïs qui ne sont pas désordonnés. Il y a de l'espoir dans le maïs. Le printemps arrive et le maïs est vert. Il jaillit de la terre noire et se dresse en rangées ordonnées. Le maïs pousse et ne pense qu'à croître. Le maïs porte ses fruits, il est coupé et disparaît. Les granges sont remplies à craquer de fruits jaunes du maïs.

Et Chicago a oublié la leçon du maïs. Tous les hommes ont oublié. On n'a jamais dit aux jeunes gens qui sortaient des champs de maïs de vivre en ville.

Une et une fois seulement, dans les temps modernes, l'âme de l'Amérique a été émue. La guerre civile a balayé le pays comme un feu purificateur. Les hommes marchaient ensemble et connaissaient la sensation de l'action épaule contre épaule . De gros personnages barbus et bruns revinrent après la guerre dans les villages. C'est le début d'une littérature de force et de virilité.

Et puis le temps du chagrin et des efforts intenses est passé et la prospérité est revenue. Seules les personnes âgées sont désormais cimentées par le chagrin de cette époque et il n'y a pas eu de nouveau chagrin national.

C'est une soirée d'été en Amérique et les citoyens s'assoient dans leurs maisons après l'effort de la journée. Ils parlent des enfants scolarisés ou de la nouvelle difficulté de faire face aux prix élevés des denrées alimentaires. Dans les villes, les groupes jouent dans les parcs. Dans les villages, les lumières s'éteignent et on entend le bruit des chevaux qui se précipitent sur les routes lointaines.

Un homme réfléchi se promenant dans les rues de Chicago un tel soir voit des femmes en chemise blanche et des hommes avec des cigares à la bouche qui sont assis sur les porches des maisons. L'homme vient de l'Ohio. Il possède une usine dans l'une des grandes villes industrielles de la région et est venu en ville pour vendre ses produits. C'est un homme d'une qualité supérieure, calme, efficace, gentil. Dans sa propre communauté, chacun le respecte et il se respecte. Maintenant il marche et se livre à ses pensées. Il passe devant une maison située au milieu des arbres où un homme coupe l'herbe à la lumière ruisselante d'une fenêtre. Le chant de la tondeuse à gazon remue le promeneur. Il flâne dans la rue et regarde par les fenêtres les gravures sur les murs. Une femme vêtue de blanc est assise et joue sur un piano. « La vie est belle », dit-il en allumant un cigare ; "Il grimpe vers une sorte d'équité universelle."

Et puis, à la lumière d'un réverbère, le promeneur aperçoit un homme titubant sur le trottoir, marmonnant et s'aidant de ses mains sur un mur. Cette vue ne perturbe pas beaucoup les pensées agréables et satisfaisantes qui agitent son esprit. Il a bien dîné à l'hôtel, il sait que les hommes ivres ne sont souvent que des chiens gays et dépensiers qui, demain matin, s'installeront au travail, se sentant secrètement mieux pour la nuit de vin et de chant.

Mon homme attentionné est un Américain qui a la maladie du confort et de la prospérité dans le sang. Il se promène et tourne à un coin de rue. Il est satisfait du cigare qu'il fume et, décide-t-il, satisfait de l'époque dans laquelle il vit. "Les agitateurs peuvent hurler", dit-il, "mais dans l'ensemble, la vie est belle, et quant à moi, je vais passer ma vie à m'occuper des affaires en cours."

Le promeneur a tourné un coin dans une rue secondaire. Deux hommes sortent de la porte d'un saloon et se tiennent sur le trottoir sous une lumière. Ils agitent leurs bras de haut en bas. Soudain, l'un d'eux bondit en avant et, d'un mouvement rapide du corps et de l'éclair d'un poing fermé à la lumière de la lampe, fait tomber son compagnon dans le caniveau. En bas de la rue, il aperçoit des rangées de grands bâtiments en briques couverts de fumée, noirs et menaçants se détachant sur le ciel. Au bout d'une rue, un énorme appareil mécanique soulève des wagons de charbon et les déverse en rugissant et en crépitant dans les entrailles d'un navire amarré dans le fleuve.

Le promeneur jette son cigare et regarde autour de lui. Un homme marche devant lui dans la rue silencieuse. Il voit l'homme lever le poing vers le ciel et constate avec choc le mouvement des lèvres et l'immensité et la laideur du visage à la lueur de la lampe.

à nouveau , en se dépêchant, à un autre coin de rue, dans une rue remplie de prêteurs sur gages, de magasins de vêtements et de clameurs de voix. Dans son esprit flotte une image. Il voit deux garçons, vêtus de barboteuses blanches, donner du trèfle à un lapin apprivoisé dans une pelouse de banlieue et souhaite qu'il soit chez lui, chez lui. Dans son imagination, les deux fils marchent sous les pommiers et rient et se battent pour un gros paquet de mélilot odorant fraîchement arraché. L'étrange homme rouge au visage énorme qu'il a vu dans la rue regarde les deux enfants par-dessus un mur de jardin. Il y a une menace dans son regard et cette menace l'alarme. Dans son esprit lui vient l'idée que l'homme qui regarde par-dessus le mur veut détruire l'avenir de ses enfants.

La nuit avance. En bas d'un escalier à côté d'un magasin de vêtements arrive une femme aux dents blanches et brillantes, vêtue d'une robe noire. Elle fait un petit mouvement saccadé particulier avec la tête vers le déambulateur. Un wagon de patrouille aux cloches tintantes se précipite dans la rue, deux policiers vêtus de bleu étant assis raides sur le siège. Un garçon - il ne doit pas avoir plus de six ans - court dans la rue en poussant des journaux souillés sous le nez des badauds des coins, sa voix aiguë et enfantine s'élève au-dessus du vacarme des tramways et des notes tintantes du wagon de patrouille.

Le promeneur jette son cigare dans le caniveau et gravit les marches d'un tramway pour regagner son hôtel. Sa bonne humeur réfléchie a disparu. Il souhaite à moitié que quelque chose de beau puisse arriver dans la vie américaine, mais ce souhait ne persiste pas. Il est seulement irrité et estime qu'une agréable soirée a été gâchée d'une manière ou d'une autre. Il se demande s'il réussira dans l'entreprise qui l'a amené en ville. Alors qu'il éteint la lumière dans sa chambre et pose sa tête sur l'oreiller, il écoute les bruits de la ville qui se fondent maintenant dans un rugissement silencieux et bourdonnant, il pense à l'usine de briques sur les rives de la rivière dans l'Ohio et alors qu'il s'endort. Le visage de l'homme aux cheveux roux se baisse vers lui depuis la porte de l'usine.

Lorsque McGregor revint en ville après l'enterrement de sa mère, il commença immédiatement à essayer de donner forme à son idée des hommes en marche. Pendant longtemps, il ne sut pas par où commencer. L'idée était vague et obscure. Cela appartenait aux nuits dans les collines de son propre pays et semblait un peu absurde quand il essayait d'y penser à la lumière du jour sur North State Street à Chicago.

McGregor sentait qu'il devait se préparer. Il croyait pouvoir étudier des livres et apprendre beaucoup des idées des hommes exprimées dans les livres sans se laisser submerger par leurs pensées. Il devint étudiant et quitta la place de l'entrepôt de pommes, au grand soulagement secret du petit commissaire aux yeux brillants qui n'avait jamais réussi à se mettre en colère contre ce gros rouquin comme il s'était enragé contre l'Allemand. avant l'époque de McGregor. L'entrepôt avait l'impression que lors de la réunion au coin du saloon, le jour où McGregor avait commencé à travailler pour lui, quelque chose s'était produit. Le fils du mineur l'avait mis hors service. « Un homme devrait être le patron chez lui », se murmurait-il parfois en marchant dans les couloirs parmi les rangées de fûts de pommes empilés dans la partie supérieure de l'entrepôt, se demandant pourquoi la présence de McGregor l'irritait.

De six heures du soir à deux heures du matin, McGregor travaillait désormais comme caissier de nuit dans un restaurant de South State Street, en contrebas de Van Buren, et de deux à sept heures du matin, il dormait dans une pièce dont les fenêtres donnaient sur Michigan Boulevard. . Jeudi, il était libre, sa place étant prise pour la soirée par le propriétaire du restaurant, un petit Irlandais excité du nom de Tom O'Toole.

McGregor a eu la chance de devenir étudiant grâce au compte bancaire appartenant à Edith Carson. L'opportunité s'est présentée ainsi. Un soir d'été, après son retour de Pennsylvanie, il s'assit avec elle dans le magasin sombre, derrière la porte moustiquaire fermée. McGregor était morose et silencieux. La veille au soir, il avait essayé de parler des Marching Men à plusieurs hommes de l'entrepôt et ils n'avaient pas compris. Il a blâmé son incapacité avec des mots et s'est assis dans la pénombre , le visage dans ses mains et a regardé la rue sans rien dire et avec des pensées amères.

L'idée qui lui était venue l'enivrait à moitié de ses possibilités et il savait qu'il ne devait pas se laisser enivrer. Il voulait commencer à forcer les hommes à faire des choses simples et pleines de sens plutôt que des choses désorganisées et inefficaces et il avait une tendance toujours présente à se lever, à s'étirer, à courir dans les rues et avec ses grands bras voir s'il ne pouvait pas. balayer les gens devant lui, les lançant dans la longue marche déterminée qui devait être le début de la renaissance du monde et qui devait donner un sens à la vie des hommes. Puis, quand il eut guéri la fièvre de son sang et qu'il eut effrayé les gens dans les rues par l'air sombre de son visage , il essaya de s'entraîner à attendre tranquillement.

La femme assise à côté de lui dans un fauteuil à bascule bas commença à essayer de lui dire quelque chose qu'elle avait en tête. Son cœur fit un bond et elle parla lentement, s'arrêtant entre les phrases pour cacher le tremblement de sa voix. "Est-ce que cela t'aiderait dans ce que tu veux faire si tu pouvais quitter l'entrepôt et passer tes journées à étudier ?" elle a demandé.

McGregor la regarda et hocha la tête distraitement. Il pensait aux nuits passées dans sa chambre où le dur travail de la journée dans l'entrepôt semblait avoir engourdi son cerveau.

"En plus des affaires ici, j'ai mille sept cents dollars dans la caisse d'épargne", dit Edith en se détournant pour dissimuler le regard plein d'espoir dans ses yeux. «Je veux l'investir. Je ne veux pas qu'il reste là à ne rien faire. Je veux que vous le preniez et que vous deveniez un avocat.

Edith était assise rigidement sur sa chaise, attendant sa réponse. Elle avait le sentiment de l'avoir mis à l'épreuve. Dans son esprit se trouvait un nouvel espoir. "S'il le prend , il ne sortira pas un soir et ne reviendra jamais."

McGregor essaya de réfléchir. Il n'avait pas essayé de lui expliquer sa nouvelle conception de la vie et ne savait pas par où commencer.

« Après tout , pourquoi ne pas m'en tenir à mon projet et devenir avocat ? se demanda-t-il. « Cela pourrait ouvrir la porte. Je vais le faire », dit-il à voix haute à la femme. « Vous et votre mère en avez parlé, alors je vais faire un essai. Oui, je prendrai l'argent.

Il la regarda de nouveau alors qu'elle était assise devant lui, rouge et impatiente et fut touché par son dévouement comme il avait été touché par le dévouement de la fille de l'entrepreneur de pompes funèbres de Coal Creek. « Cela ne me dérange pas d'avoir des obligations envers vous », dit-il ; "Je ne connais personne d' autre à qui je pourrais le prendre."

Plus tard, dans la rue, l'homme troublé se promenait en essayant de faire de nouveaux plans pour accomplir son dessein. Il était agacé par ce qu'il pensait être la monotonie de son propre cerveau et il leva le poing en l'air pour le regarder à la lueur de la lampe. « Je vais me préparer à l'utiliser intelligemment », pensa-t-il ; "Un homme veut des cerveaux entraînés et soutenus par un gros poing dans la lutte dans laquelle je m'engage."

C'est alors que l'homme de l'Ohio est passé, les mains dans les poches, et a attiré son attention. Les narines de McGregor parvenaient à l' odeur d'un tabac riche et parfumé. Il se tourna et resta à regarder l'intrus dans ses pensées. « C'est contre cela que je vais me battre », grogna-t-il ; « L'acceptation confortable et aisée d'un monde désordonné, les hommes suffisants qui ne voient rien de mal à un monde comme celui-ci. Je voudrais les effrayer pour qu'ils jettent leurs cigares et courent partout comme des fourmis lorsque vous renversez des fourmilières dans les champs.

CHAPITRE II

McGregor commença à suivre quelques cours à l'Université de Chicago et se promena parmi les bâtiments massifs, érigés pour la plupart grâce à la générosité de l'un des principaux hommes d'affaires de son pays, se demandant pourquoi le grand centre d'apprentissage semblait si peu faire partie de la ville. Pour lui, l'Université semblait quelque chose de totalement à part, en désaccord avec son environnement. C'était comme un ornement coûteux porté sur la main souillée d'un gamin des rues. Il n'y resta pas longtemps.

Un jour, il est tombé en disgrâce auprès du professeur d'une des classes. Il était assis dans une pièce parmi d'autres étudiants, l'esprit occupé par des pensées sur l'avenir et sur la façon dont il pourrait lancer son mouvement de marche. Sur une chaise à côté de lui était assise une grande fille aux yeux bleus et aux cheveux jaunes comme du blé. Comme McGregor, elle était inconsciente de ce qui se passait autour d'elle et restait assise, les yeux mi-clos, à le regarder. Au coin de ses yeux se cachait une lueur d'amusement. Elle a dessiné des croquis de sa bouche et de son nez énormes sur un bloc de papier.

À la gauche de McGregor, les jambes étalées dans l'allée, était assis un jeune qui pensait à la jeune fille aux cheveux jaunes et planifiait une campagne contre elle. Son père était fabricant de caisses de baies dans un immeuble en brique du West Side et il aurait aimé être à l'école dans une autre ville pour ne pas avoir à vivre à la maison. Toute la journée, il pensait au repas du soir et à la venue de son père, nerveux et fatigué, pour se disputer avec sa mère au sujet de la gestion des domestiques. Il essayait maintenant d'élaborer un plan pour obtenir de l'argent de sa mère afin de profiter d'un dîner dans un restaurant du centre-ville. Il envisageait avec délectation une telle soirée avec une boîte de cigarettes sur la table et la jeune fille aux cheveux jaunes assise en face de lui sous des lumières rouges. C'était un jeune américain typique de la classe moyenne supérieure et il fréquentait l'université uniquement parce qu'il n'était pas pressé de commencer sa vie dans le monde commercial.

Devant McGregor était assis un autre étudiant typique, un jeune homme pâle et nerveux qui tambourinait avec ses doigts sur le dos d'un livre. Il était très sérieux au sujet de l'apprentissage et lorsque le professeur s'arrêtait dans son discours , il levait les mains et posait une question. Lorsque le professeur souriait, il éclatait de rire. Il était comme un instrument sur lequel le professeur touchait des cordes.

Le professeur, un homme de petite taille avec une barbe noire touffue, des épaules lourdes et de grandes lunettes puissantes, parlait d'une voix aiguë et surchargée d'excitation.

« Le monde est plein de troubles », a-t-il déclaré ; « Les hommes luttent comme des poussins dans leur coquille. Dans l'arrière-pays de l'esprit de chaque homme, des pensées inquiètes s'agitent. J'attire votre attention sur ce qui se passe dans les universités allemandes.

Le professeur fit une pause et regarda autour de lui. McGregor était tellement irrité par ce qu'il considérait comme la verbosité de l'homme qu'il ne pouvait pas se retenir. Il ressentait ce qu'il avait ressenti lorsque l'orateur socialiste parlait dans les rues de Coal Creek. Avec un juron, il se leva et donna un coup de pied pour repousser sa chaise. Le bloc de papier tomba des genoux de la grande fille et éparpilla ses feuilles sur le sol. Une lumière brillait dans les yeux bleus de McGregor. Alors qu'il se tenait dans la salle de classe devant la classe surprise, sa tête, grande et rouge, avait quelque chose de noble comme la tête d'une belle bête. Sa voix résonna dans sa gorge et la jeune fille le regarda, la bouche ouverte.

"Nous allons de pièce en pièce pour entendre des discussions", a commencé McGregor. « Le soir, au coin des rues du centre-ville, dans les villes et les villages, les hommes parlent et parlent. Les livres sont écrits, les mâchoires remuent. Les mâchoires des hommes sont lâches. Ils vacillent sans rien dire.

L'enthousiasme de McGregor grandit. « S'il y a tous ces troubles, pourquoi cela n'aboutit-il pas à quelque chose ? il a ordonné. « Pourquoi, vous qui avez des cerveaux entraînés, ne vous efforcez-vous pas de trouver le secret de l'ordre au milieu de ce désordre ? Pourquoi quelque chose n'est-il pas fait ?

Le professeur courait de long en large sur l'estrade. "Je ne sais pas ce que tu veux dire", cria-t-il nerveusement. McGregor se tourna lentement et regarda la classe. Il essaya de s'expliquer. « Pourquoi les hommes ne mènent-ils pas leur vie comme des hommes ? » Il a demandé. «Il faut leur apprendre à marcher, des centaines de milliers d'hommes. Vous ne le pensez pas ?

La voix de McGregor s'éleva et son gros poing leva. « Le monde devrait devenir un grand camp », a-t-il crié. « Les cerveaux du monde devraient être à l'origine de l' organisation de l'humanité. Partout c'est le désordre et les hommes bavardent comme des singes en cage. Pourquoi un homme ne commencerait-il pas à organiser une nouvelle armée ? S'il y a des hommes qui ne comprennent pas ce que cela signifie, qu'ils soient renversés. »

Le professeur se pencha en avant et regarda McGregor à travers ses lunettes. «Je comprends votre espèce», dit-il, et sa voix tremblait. « Le cours est terminé. Ici, nous condamnons la violence.

Le professeur franchit précipitamment une porte et s'engagea dans un long couloir, la classe bavardant sur ses talons. McGregor était assis sur sa chaise dans la salle de classe vide et regardait le mur. Alors que le professeur s'éloignait en toute hâte , il murmura : « Qu'est-ce qu'il y a ici ? Qu'est-ce qui arrive dans nos écoles ?

———————————

Tard dans l'après-midi suivant, McGregor était assis dans sa chambre, pensant à ce qui s'était passé en classe. Il avait décidé de ne plus passer de temps à l'Université mais de se consacrer entièrement à l'étude du droit. Plusieurs jeunes hommes sont entrés.

Parmi les étudiants de l'université, McGregor semblait très vieux. En secret, il était très admiré et faisait souvent l'objet de discussions. Ceux qui étaient maintenant venus le voir voulaient qu'il rejoigne une Fraternité des Lettres Grecques. Ils étaient assis dans sa chambre, sur le rebord de la fenêtre et sur une malle près du mur. Ils fumaient la pipe et étaient d'un enthousiasme enfantin. Une lueur brillait sur les joues du porte-parole – un jeune homme à l'air propre, aux cheveux noirs bouclés et aux joues rondes roses et blanches, fils d'un pasteur presbytérien de l'Iowa.

"Vous avez été choisi par nos camarades pour être l'un des nôtres", a déclaré le porte-parole. «Nous voulons que vous deveniez un Alpha Beta Pi. C'est une grande fraternité avec des chapitres dans les meilleures écoles du pays. Laisse moi te dire."

Il commença à dresser une liste de noms d'hommes d'État, de professeurs d'université, d'hommes d'affaires et d'athlètes bien connus qui appartenaient à l'ordre.

McGregor était assis près du mur, regardant ses invités et se demandant ce qu'il dirait. Il était un peu amusé et à moitié blessé et se sentait comme un homme qu'un érudit de l'école du dimanche l'a arrêté dans la rue pour l'interroger sur le bien-être de son âme. Il pensa à Edith Carson qui l'attendait dans son magasin de Monroe Street, aux mineurs en colère qui se tenaient dans le saloon de Coal Creek et complotant pour s'introduire dans le restaurant alors qu'il était assis avec le marteau à la main attendant la bataille, à la vieille Mère Misery marchant. aux trousses des chevaux des soldats dans les rues du village minier, et enfin la terrible certitude que ces garçons aux yeux brillants seraient détruits, engloutis par l'immense ville commerciale dans laquelle ils allaient vivre.

"Cela signifie beaucoup d'être l'un des nôtres quand un type sort dans le monde", a déclaré le jeune aux cheveux bouclés. «Cela vous aide à avancer, à entrer avec les bonnes personnes. Vous ne pouvez pas continuer sans hommes, vous savez. Vous devriez vous mettre avec les meilleurs. Il hésita et regarda le sol. « Cela ne me dérange pas de vous dire, dit -il avec un accès de franchise, que l'un de nos hommes les plus forts – Whiteside, le mathématicien – voulait que nous vous ayons. Il a dit que tu en valais la peine . Il pensait que vous devriez nous voir et apprendre à nous connaître et que nous devrions vous voir et apprendre à vous connaître.

McGregor se leva et prit son chapeau sur un clou accroché au mur. Il sentit la futilité totale d'essayer d'exprimer ce qu'il avait en tête et descendit les escaliers jusqu'à la rue avec la file de garçons qui le suivaient dans un silence embarrassé et trébuchant dans l'obscurité du couloir sur ses talons. A la porte de la rue, il s'arrêta et leur fit face, luttant pour mettre des mots sur ses pensées.

« Je ne peux pas faire ce que vous demandez », dit-il. "Je t'aime bien et j'aime que tu me demandes de venir avec toi, mais je vais quitter l'université." Sa voix s'adoucit. "J'aimerais vous avoir pour amis", a-t-il ajouté. « Vous dites qu'un homme a besoin de connaître les gens après un certain temps . Eh bien, j'aimerais vous connaître pendant que vous êtes ce que vous êtes maintenant. Je ne veux pas te connaître une fois que tu seras devenu ce que tu deviendras.

McGregor se tourna et descendit les marches restantes jusqu'au trottoir de pierre et remonta rapidement la rue. Un regard sévère et dur se lisait sur son visage et il savait qu'il passerait une nuit silencieuse à penser à ce qui s'était passé. « Je déteste frapper les garçons », pensa-t-il en se précipitant vers son travail du soir au restaurant.

CHAPITRE III

Lorsque McGregor fut admis au barreau et prêt à prendre sa place parmi les milliers de jeunes avocats disséminés dans le district de Chicago , il recula à moitié dès le début de l'exercice de sa profession. Passer sa vie à chicaner pour des bagatelles avec d'autres avocats n'était pas ce qu'il souhaitait. Se voir fixer sa place dans la vie par son habileté à chicaner lui paraissait hideux.

Nuit après nuit, il marchait seul dans les rues en pensant à cette affaire. Il se mit en colère et jura. Parfois, il était tellement bouleversé par l'absurdité de tout mode de vie qui s'offrait à lui qu'il était tenté de quitter la ville et de devenir un vagabond, l'une de ces hordes d'âmes insatisfaites et aventureuses qui passent leur vie à dériver le long des chemins de fer américains.

Il a continué à travailler dans le restaurant South State Street qui bénéficiait du patronage de la pègre. Le soir, de six heures à midi, le commerce était calme et il lisait des livres et regardait les foules agitées qui passaient devant la fenêtre. Parfois, il était tellement absorbé qu'un des invités passait par là et s'enfuyait par la porte sans payer son addition. Dans State Street, les gens se déplaçaient nerveusement, errant ici et là, sans but, comme du bétail enfermé dans un enclos. Des femmes vêtues d'imitations bon marché des robes portées par leurs sœurs à deux pâtés de maisons de Michigan Avenue et avec des visages peints regardaient les hommes. Dans les réserves aux lumières criardes qui abritaient des spectacles suggestifs et bon marché, les pianos entretenaient un vacarme constant.

Aux yeux des gens qui flânaient le soir dans South State Street, le regard vide et sans but de la vie moderne était accentué et rendu horrible. Avec le regard s'accompagnait la démarche traînante, la mâchoire qui remuait, les mots prononcés qui ne signifiaient rien. Sur le mur d'un immeuble en face de la porte du restaurant était accrochée une banderole marquée « Quartier général socialiste ». Là où la vie moderne avait trouvé une expression presque parfaite, où il n'y avait ni discipline ni ordre, où les hommes ne bougeaient pas mais dérivaient comme des bâtons sur une plage baignée par la mer, était accrochée l'étendard socialiste avec sa promesse de coopération. Commonwealth.

McGregor regarda la banderole et les gens en mouvement et se perdit dans sa méditation. Sortant de derrière le bureau du caissier, il se tenait dans la rue près de la porte et regardait autour de lui. Un feu commença à brûler dans ses yeux et les poings enfoncés dans les poches de son manteau furent serrés. Comme lorsqu'il était enfant à Coal Creek, il détestait les gens. Le bel amour de l'humanité qui avait sa base dans un rêve d'humanité galvanisé par quelque grande passion pour donner de l'ordre et du sens a été perdu.

Dans le restaurant, après minuit, le commerce s'est intensifié. Les serveurs et les barmans des restaurants à la mode du quartier de Loop ont commencé à venir rencontrer des amies parmi les femmes de la ville. Lorsqu'une femme entra, elle se dirigea vers l'un de ces jeunes hommes. "Quel genre de nuit as-tu passé?" se sont-ils demandés.

Les serveurs invités se tenaient debout et parlaient à voix basse. Pendant qu'ils parlaient, ils pratiquaient distraitement l'art de retenir l'argent des clients, une source de revenus pour eux. Ils jouaient avec des pièces de monnaie, les lançaient en l'air, les palpaient, les faisaient apparaître et disparaître avec une rapidité merveilleuse . Certains d'entre eux étaient assis sur des tabourets le long du comptoir, mangeant une tarte et buvant des tasses de café chaud.

Un cuisinier vêtu d'un long tablier sale entra dans la pièce depuis la cuisine et, posant un plat sur le comptoir, se tenait en train de manger son contenu. Il essayait de gagner l'admiration des badauds en se vantant. D'une voix fanfaronne, il appela familièrement les femmes assises aux tables le long du mur. À une certaine époque de sa vie, le cuisinier avait travaillé pour un cirque ambulant et il parlait continuellement de ses aventures sur la route, s'efforçant de devenir un héros aux yeux de son public.

McGregor lut le livre qui se trouvait devant lui sur le comptoir et essaya d'oublier le désordre sordide qui régnait autour de lui. Il a encore lu l'histoire des grandes figures de l'histoire, des soldats et des hommes d'État qui ont été des dirigeants d'hommes. Lorsque le cuisinier lui posait une question ou lui faisait une remarque destinée à ses oreilles, il levait les yeux, hochait la tête et relisait. Lorsqu'une perturbation commença dans la pièce , il grogna un ordre et la perturbation s'apaisa. De temps en temps, des hommes d'âge moyen, bien habillés et à moitié ivres, venaient se pencher au-dessus du comptoir pour lui parler à l'oreille. Il fit un signe de la main à l'une des femmes assises aux tables le long du mur et jouant paresseusement avec des cure-dents. Lorsqu'elle s'est approchée de lui , il a montré l'homme et lui a dit : « Il veut t'offrir un dîner. »

Les femmes de la pègre s'asseyaient à table et parlaient de McGregor, chacune souhaitant secrètement devenir son amant. Elles bavardaient comme des épouses de banlieue, remplissant leur conversation de vagues références à ce qu'il avait dit. Ils commentèrent ses vêtements et ses lectures. Quand il les regardait, ils souriaient et s'agitaient avec inquiétude comme des enfants timides.

Une des femmes des enfers, une femme mince aux joues rouges creuses, était assise à une table et discutait avec les autres femmes de l'élevage de poules Leghorn blanches. Elle et son mari, un gros vieux rouan, serveur dans un restaurant Loop, avaient acheté une ferme de dix acres à la campagne et elle contribuait à la payer avec l'argent gagné dans les rues le soir. Une petite femme aux yeux noirs, assise à côté de l'éleveur de poulets, tendit la main vers un imperméable accroché au mur et, sortant un morceau de tissu blanc de sa poche, commença à dessiner un motif de fleurs bleu pâle pour le devant d'une chemise. Un jeune à la peau d'apparence malsaine était assis sur un tabouret près du comptoir et discutait avec un serveur.

« Les réformateurs ont fait un enfer avec les affaires », se vantait le jeune en regardant autour de lui pour être sûr d'avoir des auditeurs. "Avant, j'avais quatre femmes qui travaillaient pour moi ici à State Street pendant l'année de l'Exposition universelle et maintenant je n'en ai qu'une et elle pleure et est malade la moitié du temps."

McGregor a arrêté de lire le livre. « Dans chaque ville, il y a un endroit où les maladies s'échappent pour empoisonner les gens. Les meilleurs cerveaux législatifs du monde n'ont fait aucun progrès contre ce fléau », a-t-il déclaré.

Il ferma le livre, le jeta loin de lui et regarda son gros poing posé sur le comptoir et le jeune qui parlait avec vantardise au serveur. Un sourire apparut aux coins de sa bouche. Il ouvrit et ferma son poing pensivement. Puis, prenant un livre de droit sur une étagère sous le comptoir, il se remit à lire, remuant les lèvres et posant sa tête sur ses mains.

Le cabinet d'avocats de McGregor se trouvait à l'étage d'un magasin de vêtements d'occasion dans Van Buren Street. Là, il était assis à son bureau, lisant et attendant et le soir, il retournait au restaurant State Street. De temps en temps, il se rendait au poste de police de Harrison Street pour entendre un procès devant le tribunal de police et, grâce à l'influence d'O'Toole, il se voyait parfois confier une affaire qui lui rapportait quelques dollars. Il essayait de penser que les années passées à Chicago étaient des années d'entraînement. Dans son esprit, il savait ce qu'il voulait faire mais ne savait pas par où commencer. Instinctivement, il attendit. Il voyait la marche et la contre-marche des événements dans la vie des gens marchant sur les trottoirs sous la fenêtre de son bureau, il voyait dans son esprit les mineurs du village de Pennsylvanie descendre des collines pour disparaître sous terre, il regardait les filles qui se précipitaient à travers le sol. les portes battantes des grands magasins au petit matin, se demandant lequel d'entre eux resterait à ce moment là sans rien faire avec des cure-dents chez O'Toole et attendrait le mot ou le mouvement à la surface de cette mer d'humanité qui serait un signe pour lui. Pour un spectateur, il aurait pu apparaître comme un autre des hommes perdus de la vie moderne, un vagabond sur la mer des choses — mais ce n'était pas le cas. Les gens qui se précipitaient dans les rues enflammés avec sérieux pour rien n'avaient pas réussi à l'entraîner dans le tourbillon du commercialisme dans lequel ils luttaient et dans lequel, année après année, était entraîné le meilleur de la jeunesse américaine.

L'idée qui lui était venue à l'esprit alors qu'il était assis sur la colline au-dessus de la ville minière grandissait et grandissait. Jour et nuit, il rêvait des phénomènes physiques réels des ouvriers marchant vers le pouvoir et du tonnerre d'un million de pieds secouant le monde et enfonçant le grand chant de l'ordre, du but et de la discipline dans l'âme des Américains.

Parfois, il lui semblait que le rêve ne serait jamais qu'un rêve. Dans le petit bureau poussiéreux, il était assis et les larmes lui montaient aux yeux. Dans ces moments-là, il était convaincu que l'humanité continuerait toujours sur le vieux chemin, que la jeunesse continuerait toujours à grandir jusqu'à devenir viril, à grossir, à dépérir et à mourir avec le grand balancement et le rythme de la vie, un mystère dénué de sens pour eux. « Ils verront les saisons et les planètes défiler dans l'espace, mais ils ne marcheront pas », marmonna-t-il avant d'aller se tenir près de la fenêtre et de contempler la saleté et le désordre de la rue en contrebas.

CHAPITRE IV

Dans le bureau qu'occupait McGregor dans Van Buren Street, il y avait un autre bureau en plus du sien. Le bureau appartenait à un petit homme avec une moustache extraordinairement longue et des taches de graisse sur le revers de son manteau. Le matin, il entra et s'assit sur sa chaise, les pieds sur son bureau. Il fumait de longs cigares noirs et lisait les journaux du matin. Sur le panneau de verre de la porte se trouvait l'inscription « Henry Hunt, courtier immobilier ». Lorsqu'il eut fini de lire les journaux du matin, il disparut et revint fatigué et abattu en fin d'après-midi.

L'activité immobilière d'Henry Hunt était un mythe. Bien qu'il n'ait acheté ni vendu aucune propriété, il insistait sur le titre et avait dans son bureau une pile d'en-têtes indiquant le type de propriété dans lequel il se spécialisait . Il avait une photo de sa fille, diplômée du lycée de Hyde Park, dans un cadre en verre accroché au mur. Lorsqu'il est sorti à la porte le matin , il s'est arrêté pour regarder McGregor et a dit : « Si quelqu'un vient concernant une propriété, occupez-vous-en pour moi. Je serai absent pendant un moment.

Henry Hunt était un collecteur de dîmes pour les chefs politiques du premier quartier. Toute la journée, il parcourait la salle pour interroger les femmes, cochant leurs noms sur un petit livre rouge qu'il portait dans sa poche, promettant, exigeant, proférant des menaces voilées. Le soir, il s'asseyait dans son appartement surplombant Jackson Park et écoutait sa fille jouer du piano. De tout son cœur, il détestait sa place dans la vie et alors qu'il se rendait en ville à bord des trains de l'Illinois Central, il regardait le lac et rêvait de posséder une ferme et de vivre une vie libre à la campagne. Dans son esprit, il voyait les marchands bavarder sur le trottoir devant les magasins d'un village de l'Ohio où il avait vécu étant enfant et, en imagination, il se revoyait encore un garçon, conduisant des vaches dans les rues du village le soir et faisant un délicieux petit gifle gifle avec ses pieds nus dans la poussière profonde.

C'est Henry Hunt, dans son bureau secret de collectionneur et lieutenant du « patron » du premier quartier, qui a changé la donne pour l'apparition de McGregor en tant que personnage public à Chicago.

Une nuit, un jeune homme – fils d'un des spéculateurs millionnaires sur le blé de la ville – a été retrouvé mort dans une petite impasse à l'arrière d'un complexe connu sous le nom de Polk Street Mary's Place. Il gisait affalé contre une clôture en planches, complètement mort et avec une contusion sur le côté de la tête. Un policier l'a trouvé et l'a traîné jusqu'au réverbère au coin de la ruelle.

Depuis vingt minutes, le policier était resté sous la lumière en brandissant son bâton. Il n'avait rien entendu. Un jeune homme s'approcha, lui toucha le bras et lui murmura : Lorsqu'il s'est retourné pour descendre l'allée, le jeune homme s'est enfui dans la rue.

Les pouvoirs qui dirigent le premier quartier de Chicago étaient furieux lorsque l'identité du mort a été connue. Le « patron », un petit homme doux aux yeux bleus, vêtu d'un costume gris soigné et doté d'une moustache soyeuse, se tenait dans son bureau, ouvrant et fermant convulsivement les poings. Puis il a appelé un jeune homme et a fait venir Henry Hunt et un policier bien connu .

Depuis quelques semaines, les journaux de Chicago menaient une campagne contre le vice. Des nuées de journalistes avaient envahi la salle. Chaque jour, ils publiaient des images de la vie dans le monde souterrain. Sur les premières pages des journaux avec des sénateurs, des gouverneurs et des millionnaires qui avaient divorcé de leurs femmes, figuraient également les noms de Ugly Brown Chophouse Sam et Carolina Kate avec des descriptions de leurs lieux, leurs heures de fermeture et la classe et la quantité de leur patronage. Un homme ivre s'est roulé par terre à l'arrière d'un bar de la 22e rue et, dépouillé de son portefeuille, sa photo a fait la une des journaux du matin.

Henry Hunt était assis dans son bureau de Van Buren Street, tremblant de peur. Il s'attendait à voir son nom dans le journal et sa profession révélée.

Les pouvoirs qui dirigeaient la Première — des hommes discrets et astucieux qui savaient comment faire et prendre des profits, la fleur même du commercialisme — étaient effrayés. Ils voyaient dans la mise en avant du mort une véritable opportunité pour leurs ennemis du moment, la presse. Depuis des semaines, ils étaient restés assis tranquillement, résistant à la tempête de désapprobation du public. Dans leur esprit, ils considéraient le quartier comme un royaume en soi, quelque chose d'étranger et séparé de la ville. Parmi leurs partisans se trouvaient des hommes qui n'avaient pas franchi la ligne de Van Buren Street pour se rendre en territoire étranger depuis des années.

Soudain, une menace apparut dans l'esprit de ces hommes. Comme le petit patron à la voix douce, la salle serra le poing de manière concluante. Dans les rues et les ruelles courait un cri, un avertissement. Comme des oiseaux de proie dérangés dans leurs lieux de nidification, ils voletaient en poussant des cris. Jetant son cigare dans le caniveau, Henry Hunt traversa la salle en courant. De maison en maison, il poussait son cri : « Couchez-vous ! Ne rien retirer.

Le petit patron dans son bureau devant son saloon regardait tour à tour Henry Hunt et le policier. "L'heure n'est pas à l'hésitation", a-t-il déclaré. « Ce sera une aubaine si nous agissons rapidement. Nous devons arrêter et juger ce meurtrier et le faire maintenant. Qui est notre homme ? Rapide. Agissons. »

Henry Hunt alluma un nouveau cigare. Il jouait nerveusement avec le bout de ses doigts et souhaitait être hors de la salle et en sécurité, hors de portée des regards indiscrets de la presse. Dans son imagination, il pouvait entendre sa fille crier d'horreur à la vue de son nom répandu en lettres criardes devant le monde et il pensait à elle avec une rougeur d'horreur sur son jeune visage se détournant de lui pour toujours. Dans sa terreur, son esprit se précipitait ici et là. Un nom lui vint aux lèvres. "C'était peut-être Andy Brown", dit-il en soufflant sur le cigare.

Le petit patron fit tournoyer sa chaise. Il commença à ramasser les papiers éparpillés sur son bureau. Quand il parla, sa voix était à nouveau douce et douce. "C'était Andy Brown", a-t-il déclaré. « Chuchotez le mot. Laissez un homme *de la Tribune* localiser Brown pour vous. Gérez cela correctement et vous sauverez votre propre cuir chevelu et vous débarrasserez des papiers idiots au dos du Premier.

L'arrestation de Brown a apporté un répit au quartier. La prédiction du petit patron astucieux s'est réalisée. Les journaux ont abandonné leurs cris en faveur de réformes et ont commencé à réclamer la vie d'Andrew Brown. Les artistes des journaux se sont précipités au quartier général de la police et ont réalisé à la hâte des croquis qui apparaissaient une heure plus tard sur le visage des figurants dans les rues. Des scientifiques sérieux ont fait imprimer leurs photos en tête d'articles sur les « Caractéristiques criminelles de la tête et du visage ».

Un écrivain adepte et imaginatif pour un journal de l'après-midi a parlé de Brown comme d'un Jekyll et Hyde du Tenderloin et a fait allusion à d'autres meurtres commis par la même main. Après la vie relativement tranquille d'un Yeggman pas particulièrement travailleur , Brown est sorti de l'étage supérieur d'un hôtel de State Street pour se tenir stoïquement devant le monde des hommes - un centre de tempête autour duquel tourbillonnait et tourbillonnait la colère d'une ville en éveil.

La pensée qui était venue à l'esprit d'Henry Hunt alors qu'il était assis dans le bureau du patron à la voix douce était une opportunité pour McGregor. Depuis des mois, Andrew Brown et lui étaient amis. Le Yeggman , un homme solidement bâti et parlant lentement, ressemblait à un mécanicien qualifié d'un ingénieur de locomotive. En arrivant chez O'Toole dans les heures calmes entre huit et midi, il prenait son repas du soir et discutait avec le jeune avocat sur un ton humoristique et à moitié plaisantin. Dans ses yeux se cachait une sorte de cruauté dure tempérée par l'indolence. C'est lui qui a donné à McGregor le nom qui lui est toujours attaché dans cet étrange pays sauvage : « Juge Mac, le Grand ».

Lorsqu'il a été arrêté, Brown a envoyé chercher McGregor et lui a proposé de lui confier son affaire. Lorsque le jeune avocat a refusé, il a insisté. Dans une cellule de la prison du comté , ils en ont discuté. Près de la porte se tenait un garde qui les surveillait. McGregor a regardé dans la pénombre et a dit ce qu'il pensait devoir être dit. « Vous êtes dans un trou », commença-t-il. «Tu ne veux pas de moi, tu veux un grand nom. Ils sont tous prêts à vous pendre là-bas. Il agita la main en direction du Premier. « Ils vont vous livrer en réponse à une ville agitée . C'est le travail du plus grand et du meilleur avocat pénaliste de la ville. Nommez cet homme et je vais le chercher pour vous et vous aider à récolter l'argent pour le payer.

Andrew Brown se leva et se dirigea vers McGregor. Le regardant, il parla rapidement et avec détermination. "Tu fais ce que je dis," grogna-t-il. « Prenez cette affaire. Je n'ai pas fait le travail. Je dormais dans ma chambre quand on l'a retiré. Maintenant, prenez le cas. Vous ne m'effacerez pas. Ce n'est pas dans les cartes. Mais vous obtenez quand même le poste.

Il se rassit sur le lit de fer situé au coin de la cellule. Sa voix devint lente et avait une touche d' humour cynique . « Écoute, Big 'un, dit-il, le gang a sorti mon numéro du chapeau. Je traverse mais il y a une bonne publicité pour le poste pour quelqu'un et vous comprenez.

CHAPITRE V

Le procès d'Andrew Brown a été à la fois une opportunité et un test pour McGregor. Depuis plusieurs années , il menait une vie solitaire à Chicago. Il ne s'était fait aucun ami et son esprit n'avait pas été troublé par le bavardage interminable de bavardages dont la plupart d'entre nous subsistent. Soir après soir, il avait marché seul dans les rues et s'était tenu à la porte du restaurant State Street, une silhouette solitaire, éloignée de la vie. Il allait maintenant être entraîné dans le maelström. Dans le passé, il avait été laissé seul par la vie. La grande bénédiction de l'isolement avait été pour lui et dans cet isolement, il avait fait un grand rêve. Il fallait maintenant tester la qualité du rêve et la force de son emprise sur lui.

McGregor ne devait pas échapper à l'influence de la vie de son époque. Une profonde passion humaine dormait dans son grand corps. Avant l'époque de ses Marching Men , il n'avait pas encore résisté à la plus déroutante de toutes les épreuves modernes des hommes, à la beauté des femmes insignifiantes et aux clameurs bruyantes du succès qui n'a également aucun sens.

Le jour de sa conversation avec Andrew Brown dans l'ancienne prison du comté de Cook, dans le nord de Chicago, nous devons donc penser à McGregor confronté à ces épreuves. Après la conversation avec Brown, il marcha le long de la rue et arriva au pont qui traversait la rivière pour entrer dans le quartier de Loop. Dans son cœur, il savait qu'il faisait face à un combat et cette pensée le ravissait. Avec un nouveau soulèvement sur ses épaules , il traversa le pont. Il regarda les gens et laissa de nouveau son cœur se remplir de mépris à leur égard.

Il aurait souhaité que le combat pour Brown soit un combat à coups de poing. Montant à bord d'une voiture du côté ouest, il s'est assis regardant par la fenêtre de la voiture la foule qui passait et s'est imaginé parmi eux, frappant à droite et à gauche, serrant la gorge, exigeant la vérité qui sauverait Brown et se dressant devant les yeux des hommes.

Lorsque McGregor arriva au magasin de chapellerie de Monroe Street, c'était le soir et Edith se préparait à sortir pour le repas du soir. Il la regardait. Dans sa voix résonnait une note de triomphe. De son mépris pour les hommes et les femmes du monde souterrain est né la vantardise. « Ils m'ont donné un travail qu'ils pensent que je ne peux pas faire », a-t-il déclaré. "Je dois être l'avocat de Brown dans l'affaire du grand meurtre." Il posa ses mains sur ses frêles épaules et l'attira vers la lumière. « Je vais les renverser et leur montrer », s'est-il vanté. « Ils pensent qu'ils vont pendre Brown, les serpents gras. Eh bien, ils ne comptaient pas sur moi. Brown ne compte pas sur moi. Je vais leur montrer. Il rit bruyamment dans la boutique vide.

Dans un petit restaurant, McGregor et Edith parlèrent de l'épreuve qu'il allait passer. Pendant qu'il parlait, elle restait assise en silence et regardait ses cheveux roux.

"Découvrez si votre homme Brown a une chérie", dit-elle en pensant à elle-même.

L'Amérique est le pays des meurtres. Jour après jour, dans les villes et les villages et sur les routes de campagne isolées, la mort violente s'abat sur les hommes. Indisciplinés et désordonnés dans leur mode de vie, les citoyens ne peuvent rien faire. Après chaque meurtre, ils réclament de nouvelles lois qui, lorsqu'elles sont inscrites dans les livres de lois, sont le législateur lui-même qui les enfreint. Harcelés tout au long de la vie par des exigences criardes , leurs journées ne leur laissent pas de temps pour la quiétude dans laquelle grandissent leurs pensées. Après des jours de course inutile dans la ville, ils sautent dans les trains ou les tramways et se précipitent dans leur journal préféré pour aller au jeu de balle, aux images de bandes dessinées et aux rapports du marché.

Et puis quelque chose se passe. Le moment arrive. Un meurtre qui aurait pu faire l'objet d'une seule colonne sur une page intérieure du journal d'hier étale aujourd'hui ses terribles détails sur tout.

Dans les rues, les vendeurs de journaux agités se précipitent et remuent les foules avec leurs cris. Les hommes qui ont écouté avec impatience les récits de la honte d'une ville s'emparent des journaux et lisent avec avidité et exhaustivité l'histoire d'un crime.

Et au milieu d'un tel tourbillon de rumeurs , d'histoires horribles et impossibles et de plans bien conçus pour vaincre la vérité, McGregor s'est précipité. Jour après jour, il errait dans le quartier des vices, au sud de Van Buren Street. Les prostituées, les proxénètes, les voleurs et les habitués du saloon le regardaient et souriaient d'un air entendu. Au fur et à mesure que les jours passaient et qu'il ne faisait aucun progrès, il devint désespéré. Un jour, une idée lui vint. «Je vais aller voir la jolie femme de la maison de colonie», se dit-il. « Elle ne saura pas qui a tué le garçon, mais elle peut le découvrir. Je vais lui faire découvrir.

En Margaret Ormsby, McGregor devait savoir ce qu'était pour lui une nouvelle sorte de féminité, quelque chose de sûr, de fiable, entouré et préparé comme un bon soldat est préparé, pour tirer le meilleur parti de sa lutte pour l'existence. Quelque chose qu'il ne connaissait pas allait encore crier à l'homme.

Margaret Ormsby, tout comme McGregor lui-même, n'a pas été vaincue par la vie. Elle était la fille de David Ormsby, chef de la grande société de charrues dont le siège était à Chicago, un homme qui, en raison d'une certaine assurance dans son attitude envers la vie, avait été surnommé « Ormsby le Prince » par ses associés. Sa mère Laura Ormsby était petite nerveuse et intense.

Avec un abandon conscient, manquant juste d'une ombre de sécurité totale, Margaret Ormsby, belle de corps et magnifiquement vêtue, allait çà et là parmi les parias du Premier Quartier. Comme toutes les femmes, elle attendait une opportunité dont elle ne se parlait même pas à elle-même. Elle était quelque chose que McGregor, déterminé et primitif, devait approcher avec prudence.

Se précipitant dans une rue étroite bordée de saloons bon marché, McGregor entra par la porte de la maison de la colonie et s'assit sur une chaise à un bureau face à Margaret Ormsby. Il savait quelque chose de son travail dans la Première Salle et savait qu'elle était belle et sûre d'elle. Il était déterminé à ce qu'elle l'aide. Assis sur la chaise et la regardant par-dessus le bureau plat, il refoula dans sa gorge les phrases laconiques avec lesquelles elle avait l'habitude de saluer les visiteurs.

« C'est très bien pour vous de rester là, bien habillée, et de me dire ce que les femmes dans votre position peuvent faire et ne peuvent pas faire », dit-il, « mais je suis venu ici pour vous dire ce que vous ferez si vous êtes du genre qui veut être utile.

Le discours de McGregor était un défi que Margaret, la fille moderne d'un de nos grands hommes modernes, ne pouvait pas laisser passer. N'avait-elle pas déployé sa timidité pour aller sereinement parmi les prostituées et les ivrognes sordides et marmonnants, sereine dans sa conscience d'un objectif commercial ? "Qu'est-ce que vous voulez?" » demanda-t-elle brusquement.

"Vous n'avez que deux choses qui vont m'aider", a déclaré McGregor ; « ta beauté et ta virginité. Ces choses sont une sorte d'aimant qui attire les femmes de la rue vers vous. Je sais. Je les ai entendus parler.

"Il y a des femmes qui viennent ici qui savent qui a tué ce garçon dans le couloir et pourquoi cela a été fait", a poursuivi McGregor. « Vous êtes un fétichiste avec ces femmes. Ce sont des enfants et ils viennent ici pour vous regarder pendant que les enfants regardent par les rideaux les invités assis dans le salon de leur maison.

" Eh bien , je veux que vous appeliez ces enfants dans la pièce et qu'ils vous laissent vous raconter des secrets de famille. Toute la salle ici connaît l'histoire de ce meurtre. L'air en est rempli. Les hommes et les femmes continuent d'essayer de me le dire, mais ils ont peur. La police leur fait peur, ils me le disent à moitié et s'enfuient comme des animaux effrayés.

«Je veux qu'ils vous le disent. Vous ne comptez pas avec la police ici. Ils pensent que tu es trop belle et trop bonne pour toucher à la vraie vie de ces gens. Aucun d'entre eux – les patrons ou la police – ne vous surveille. Je continuerai à soulever la poussière et vous obtiendrez les informations que je veux. Vous pouvez faire le travail si vous êtes bon.

Après le discours de McGregor, la femme resta assise en silence et le regarda. Pour la première fois, elle rencontrait un homme qui la bouleversait et ne se laissait nullement distraire par sa beauté ni par son sang-froid. Une vague de chaleur, moitié colère, moitié admiration, l'envahit.

McGregor regarda la femme et attendit. « Je dois avoir des faits », a-t-il déclaré. « Donnez-moi l'histoire et les noms de ceux qui la connaissent et je leur ferai raconter. J'ai quelques faits maintenant : je les ai obtenus en intimidant une fille et en étouffant un barman dans une ruelle. Maintenant, je veux que vous me mettiez en mesure d'obtenir plus de faits. Vous faites parler les femmes et vous le dites, puis vous me le dites.

Une fois McGregor parti, Margaret Ormsby se leva de son bureau dans la maison de la colonie et traversa la ville en direction du bureau de son père. Elle était surprise et effrayée. En un instant, grâce au discours et aux manières de ce jeune avocat brutal, elle avait compris qu'elle n'était qu'une enfant entre les mains des forces qui jouaient autour d'elle dans le Premier Quartier. Sa maîtrise de soi était ébranlée. « Si ce sont des enfants – ces femmes de la ville – alors je suis un enfant, un enfant nageant avec eux dans un océan de haine et de laideur. »

Une nouvelle pensée lui vint à l'esprit. « Mais ce n'est pas un enfant, ce McGregor. C'est un enfant de rien. Il se tient inébranlable sur un rocher.

Elle essaya de s'indigner de la franchise brutale du discours de l'homme. « Il m'a parlé comme il aurait parlé à une femme de la rue », pensa-t-elle. "Il n'avait pas peur de supposer qu'au fond nous sommes pareils, de simples jouets entre les mains de l'homme qui ose."

Dans la rue, elle s'arrêta et regarda autour d'elle. Son corps trembla et elle réalisa que les forces qui l'entouraient étaient devenues des êtres vivants prêts à se jeter sur elle. « Quoi qu'il en soit, je ferai ce que je peux. Je vais l'aider. Je vais devoir le faire », se murmura-t-elle.

Dans la rue, elle s'arrêta et regarda autour d'elle. Son corps trembla et elle réalisa que les forces qui l'entouraient étaient devenues des êtres vivants prêts à se jeter sur elle. « Quoi qu'il en soit, je ferai ce que je peux. Je vais l'aider. Je vais devoir le faire », se murmura-t-elle.

CHAPITRE VI

Le blanchissage d'Andrew Brown a fait sensation à Chicago. Lors du procès, McGregor a pu introduire l'un de ces points culminants dramatiques à couper le souffle qui attirent l'attention de la foule. Au moment dramatique et tendu du procès, un silence effrayé tomba sur la salle d'audience et ce soir-là, dans leurs maisons, les hommes se détournèrent instinctivement de la lecture des journaux pour regarder leur bien-aimée assise autour d'eux. Un frisson de peur parcourut les corps des femmes. L'espace d'un instant, Beaut McGregor leur avait jeté un coup d'œil sous la croûte de civilisation qui avait réveillé un tremblement séculaire dans leurs cœurs. Dans sa ferveur et son impatience, McGregor avait crié, non pas contre les ennemis occasionnels de Brown, mais contre toute la société moderne et son informe. Aux auditeurs, il semblait qu'il secouait l'humanité à la gorge et que, par la puissance et la détermination de sa propre figure solitaire, il révélait la faiblesse pitoyable de ses semblables.

Dans la salle d'audience, McGregor était assis, sombre et silencieux, laissant l'État monter son dossier. Son visage était un défi. Ses yeux sortaient de dessous ses paupières gonflées. Pendant des semaines, il avait été aussi infatigable qu'un limier parcourant le Premier Quartier et construisant son dossier. Les policiers l'avaient vu sortir des ruelles à trois heures du matin, le patron à la voix douce, entendant parler de ses activités, avait interrogé avec empressement Henry Hunt, un barman dans un bistro de Polk Street avait senti la poigne d'une main sur sa gorge et une fille tremblante de la ville s'était agenouillée devant lui dans une petite pièce sombre, implorant protection contre sa colère. Dans la salle d'audience, il attendait et observait.

Lorsque le procureur spécial de l'État, un homme de grande renommée devant les tribunaux, eut fini de crier avec insistance et persistance au sang de Brown, silencieux et impassible, McGregor a agi. Se levant d'un bond, il cria d'une voix rauque à travers la salle d'audience silencieuse à une grande femme assise parmi les témoins. "Ils t'ont trompée Mary," rugit-il. « L'histoire du pardon après la fin de l'excitation est un mensonge. Ils vous enchaînent. Ils vont pendre Andy Brown. Montez là-haut et dites toute la vérité, sinon son sang sera sur vos mains.

Une fureur s'est élevée dans la salle d'audience bondée. Les avocats se levèrent d'un bond, protestèrent. Au-dessus du bruit s'élevait une voix rauque et accusatrice. « Gardez Polk Street Mary et toutes les femmes de chez elles ici », a-t-il crié. « Ils savent qui a tué votre homme. Remettez-les là, sur le stand. Ils le diront. Regarde-les. La vérité sort d'eux.

La clameur dans la pièce s'apaisa. L'avocat roux et silencieux, la plaisanterie de l'affaire, avait marqué. En marchant dans les rues la nuit, les paroles d'Edith Carson lui étaient revenues à l'esprit et, avec l'aide de Margaret Ormsby, il avait pu suivre un indice donné par sa suggestion.

"Découvrez si votre homme Brown a une chérie."

En un instant, il comprit le message que les femmes de la pègre, patronnes d'O'Toole's, avaient essayé de lui transmettre. Polk Street Mary était la chérie d'Andy Brown. Alors, dans la salle silencieuse du tribunal, une voix de femme s'éleva, brisée de sanglots. À la foule qui écoutait dans la petite salle bondée, l'histoire de la tragédie survenue dans la maison sombre devant laquelle se tenait le policier agitant négligemment sa matraque - l'histoire d'une jeune fille d'un village de l'Illinois achetée et vendue au fils du courtier - de l'homme désespéré. lutte dans la petite pièce entre l'homme avide lubrique et la jeune fille effrayée et courageuse - du coup de chaise dans les mains de la jeune fille qui a causé la mort de l'homme - des femmes de la maison tremblantes dans les escaliers et le corps se lancèrent précipitamment dans le passage.

"Ils m'ont dit qu'ils retireraient Andy quand tout cela se terminerait", gémit la femme.

McGregor est sorti de la salle d'audience dans la rue. La lueur de la victoire était sur lui et il avançait à grands pas, le cœur battant fort. Son chemin passait par un pont vers le North Side et, au cours de son errance , il passa devant l'entrepôt de pommes où il avait fait ses débuts dans la ville et où il avait combattu contre les Allemands. La nuit venue, il se promena dans North Clark Street et entendit les vendeurs de journaux crier sa victoire. Devant lui dansait une nouvelle vision, une vision de lui-même comme une grande figure de la ville. En lui-même, il sentait le pouvoir de se démarquer parmi les hommes, de les déjouer et de les vaincre, de conquérir le pouvoir et la place dans le monde.

Le fils du mineur était à moitié ivre du nouveau sentiment d'accomplissement qui l'envahissait. Quittant Clark Street, il partit et marcha vers l'est le long d'une rue résidentielle jusqu'au lac. Au bord du lac, il aperçut une rue de grandes maisons entourées de jardins et il pensa qu'un jour il pourrait avoir sa propre maison. Le fracas désordonné de la vie moderne semblait bien loin. Lorsqu'il arriva au lac, il resta dans l'obscurité en pensant au tapageur inutile de la ville minière devenu soudainement un grand avocat de la ville et le sang coula rapidement dans son corps. «Je dois être l'un des vainqueurs, l'un des rares à en sortir», se murmura-t-il et, avec un sursaut de cœur, il pensa aussi à Margaret Ormsby qui le regardait de ses beaux yeux interrogateurs alors qu'il se tenait devant les hommes dans la salle. salle d'audience et, grâce à la force de sa personnalité, s'est frayé un chemin à travers un brouillard de mensonges vers la victoire et la vérité.

LIVRE V

CHAPITRE I

Margaret Ormsby était un produit naturel de son âge et de la vie sociale américaine de notre époque. En tant qu'individu, elle était adorable. Bien que son père David Ormsby, le roi des laboureurs, ait accédé à sa position et à sa richesse dans l'obscurité et la pauvreté et ait su dès son plus jeune âge ce que c'était que d'affronter la défaite, il s'était fait un devoir de veiller à ce que son ma fille n'a pas eu une telle expérience. La jeune fille avait été envoyée à Vassar, on lui avait appris à faire la distinction entre les vêtements qui sont discrètement et magnifiquement chers et les vêtements qui ont simplement l'air chers, elle savait comment entrer et sortir d'une pièce et avait également un fort un corps bien entraîné et un esprit actif. Ajoutée à cela, elle avait, sans la moindre connaissance de la vie, une confiance vigoureuse et plutôt autoritaire dans sa capacité à affronter la vie.

Au cours des années passées au collège de l'Est, Margaret avait décidé que, quoi qu'il arrive, elle ne laisserait pas sa vie être ennuyeuse ou sans intérêt. Un jour, lorsqu'une amie de Chicago est venue lui rendre visite au collège, les deux sont allés passer une journée dehors et se sont assis sur le flanc d'une colline pour discuter. « Nous, les femmes, avons été idiotes », avait déclaré Margaret. « Si mon père et ma mère pensent que je vais rentrer à la maison et épouser un homme quelconque, ils se trompent. J'ai appris à fumer des cigarettes et j'ai eu ma part d'une bouteille de vin. Cela ne vous dit peut-être rien. Je ne pense pas non plus que cela représente grand-chose mais cela exprime quelque chose. Cela me rend assez malade quand je pense à la façon dont les hommes ont toujours pris les femmes avec condescendance. Ils veulent éloigner de nous les mauvaises choses — Bah ! J'en ai marre de cette idée et beaucoup d'autres filles ici ressentent la même chose. De quel droit ont-ils ? Je suppose qu'un jour, un petit homme d'affaires se mettra en place pour prendre soin de moi. Il ferait mieux de ne pas le faire. Je vous le dis, il y a un nouveau type de femmes qui grandissent et je vais en faire partie. Je pars à l'aventure, goûter la vie avec force et profondeur. Père et mère pourraient aussi bien se décider à le faire.

La jeune fille excitée avait marché de long en large devant sa compagne, une jeune femme douce aux yeux bleus, et avait levé les mains au-dessus de sa tête comme pour porter un coup. Son corps était comme celui d'un beau jeune animal prêt à affronter un ennemi et ses yeux reflétaient l'ivresse de son humeur. « Je veux toute la vie », s'écria-t-elle ; «Je veux le désir, la force et le mal. Je veux être l'une des nouvelles femmes, les sauveuses de notre sexe.

Entre David Ormsby et sa fille, il existait un lien inhabituel. Six pieds trois pouces, les yeux bleus, les épaules larges, sa présence avait une force et une dignité qui le distinguaient parmi les hommes et la fille sentait sa force. Elle avait raison. À sa manière, l'homme était inspiré. Sous ses yeux, les trivialités de la fabrication de la charrue étaient devenues les détails d'un bel art. A l'usine, il n'a jamais perdu cet air de commandement qui inspire confiance. Les contremaîtres qui arrivaient au bureau, remplis d'excitation à cause d'un bris de machine ou d'un accident survenu à un ouvrier, revenaient exécuter leurs tâches avec calme et efficacité. Les vendeurs allant de village en village pour vendre des charrues devinrent sous son influence remplis du zèle des missionnaires porteurs de l'Évangile aux non-éclairés. Les actionnaires de l'entreprise de charrues se précipitant vers lui avec des rumeurs de désastre commercial à venir sont restés pour rédiger des chèques pour de nouvelles évaluations de leurs stocks. C'était un homme qui a redonné aux hommes leur foi dans les affaires et leur foi dans les hommes.

Pour David, faire la charrue était la fin de la vie. Comme les autres hommes de son type, il avait d'autres intérêts mais ils étaient secondaires. En secret, il se considérait comme capable d'une culture plus large que la plupart de ses associés quotidiens et, sans que cela interfère avec son efficacité, il essayait de rester en contact avec les pensées et les mouvements du monde par la lecture. Après la journée la plus longue et la plus difficile au bureau, il passait parfois la moitié de la nuit à lire un livre dans sa chambre.

À mesure que Margaret Ormsby devenait une femme , elle était une source constante d'anxiété pour son père. Il lui semblait qu'elle était passée du jour au lendemain d'une enfance maladroite et plutôt joyeuse à une nouvelle sorte de féminité particulièrement déterminée . Son esprit aventureux l'inquiétait. Un jour, il était assis dans son bureau et lisait une lettre annonçant son retour à la maison. La lettre ne semblait être qu'un éclat caractéristique d'une jeune fille impulsive qui s'était endormie hier soir dans ses bras. Cela le troublait de penser qu'un honnête laboureur pouvait recevoir une lettre de sa petite fille parlant du genre de vie qui, selon lui, ne pouvait conduire qu'une femme à la destruction.

Et puis le lendemain, assis à côté de lui, à sa table, une nouvelle silhouette imposante exigeait son attention. David se leva de table et se précipita vers sa chambre. Il voulait réajuster ses pensées. Sur son bureau se trouvait une photographie rapportée par la fille de l'école. Il a eu l'expérience commune de se voir dire par la photographie ce qu'il avait essayé de saisir. Au lieu d'une femme et d'un enfant, il y avait deux femmes dans la maison avec lui.

Margaret était sortie de l'université avec une beauté de visage et de silhouette. Son grand corps droit et bien formé, ses cheveux noirs comme du charbon, ses doux yeux bruns, l'air qu'elle avait d'être préparée à relever les défis de la vie ont attiré et retenu l'attention des hommes. Il y avait chez la jeune fille quelque chose de la grandeur de son père et pas peu des désirs secrets et aveugles de sa mère. Le soir de son arrivée, à une maison attentive, elle annonça son intention de vivre pleinement et pleinement sa vie. «Je vais apprendre des choses que je ne peux pas obtenir dans les livres», a-t-elle déclaré. «Je vais toucher la vie à de nombreux coins de rue, avoir le goût des choses dans ma bouche. Vous m'avez pris pour un enfant quand j'ai écrit à la maison en disant que je ne serais pas enfermé dans la maison et marié à un ténor de la chorale de l'église ou à un jeune homme d'affaires à la tête vide, mais maintenant vous allez voir. Je vais en payer le prix s'il le faut, mais je vais vivre.

À Chicago, Margaret s'est mise à vivre comme si rien d'autre n'avait besoin de force et d'énergie. D'une manière typiquement américaine , elle a essayé de bousculer la vie. Lorsque les hommes de son propre groupe parurent confus et choqués par les opinions qu'elle exprimait, elle quitta son groupe et commet l'erreur commune de supposer que ceux qui ne travaillent pas et qui parlent assez facilement d'art et de liberté sont de ce fait libres. des hommes et des artistes.

Pourtant, elle aimait et respectait son père. La force en lui faisait appel à la force native en elle. À une jeune écrivaine socialiste qui vivait dans la maison de colonie où elle allait actuellement vivre et qui la cherchait pour s'asseoir à son bureau pour réprimander les hommes riches et occupant une position privilégiée , elle a montré la qualité de ses idéaux en désignant David Ormsby. « Mon père, dirigeant d'un trust industriel, est un homme meilleur que tous les réformateurs bruyants qui ont jamais vécu », a-t-elle déclaré. « Il fabrique des charrues de toute façon – il les fabrique bien – des millions. Il ne passe pas son temps à parler et à se passer les doigts dans les cheveux. Il travaille et son travail a allégé le travail de millions de personnes pendant que les bavards réfléchissent à des pensées bruyantes et se tournent les épaules.

En vérité, Margaret Ormsby était perplexe. Si une communauté de vie commune lui avait permis d'être une véritable sœur pour toutes les autres femmes et de connaître leur héritage commun de défaite, avait-elle aimé son père quand il était un garçon mais avait-elle su ce que c'était que de marcher complètement brisé et battu dans le visage des hommes et puis se relever encore et encore pour lutter contre la vie , elle aurait été splendide.

Elle ne savait pas. À son avis, toute sorte de défaite comportait une touche d'immoralité. Lorsqu'elle ne voyait autour d'elle qu'une vaste foule d'êtres humains vaincus et confus qui tentaient de progresser au milieu d'une organisation sociale confuse , elle était hors d'elle d'impatience.

La jeune fille désemparée se tourna vers son père et essaya de saisir le ton de sa vie ; «Je veux que tu me dises des choses», dit-elle, mais le père, ne comprenant pas, se contenta de secouer la tête. Il ne lui vint pas à l'esprit de lui parler comme à un bon ami et une sorte de plaisanterie à moitié sérieuse s'établit entre eux. Le laboureur était heureux à l'idée que la joyeuse jeune fille qu'il avait connue avant que sa fille n'aille à l'université était revenue vivre avec lui.

Après que Margaret soit allée à la maison de colonie , elle a déjeuné avec son père presque tous les jours. Le moment passé ensemble au milieu du vacarme qui remplissait leur vie devint pour eux deux un précieux privilège. Jour après jour, ils se sont assis pendant une heure dans un restaurant à la mode du centre-ville, renouvelant et renforçant leur camaraderie, riant et discutant au milieu de la foule, délicieux dans leur intimité. L'un envers l'autre, ils prenaient de manière ludique l'air des deux hommes d'affaires, chacun traitant tour à tour le travail de l'autre comme quelque chose à négliger. Secrètement, ni l'un ni l'autre n'y croyait pendant qu'il parlait.

Dans ses efforts pour récupérer et déplacer les sordides épaves humaines qui flottaient à l'intérieur et à l'extérieur de la maison de la colonie, Margaret pensait à son père, à son bureau, dirigeant la fabrication des charrues. «C'est un travail propre et important», pensait-elle. "C'est un homme grand et efficace."

À son bureau dans le bureau du trust des charrues, David pensait à sa fille dans la maison de colonie à la limite du premier quartier. "C'est une chose blanche et brillante au milieu de la saleté et de la laideur", pensa-t-il. "Sa vie entière est comme la vie de sa mère pendant les heures où elle gisait autrefois courageusement face à la mort pour le bien d'une nouvelle vie."

Le jour de sa rencontre avec McGregor, le père et la fille étaient assis comme d'habitude au restaurant. Des hommes et des femmes parcouraient les longues allées tapissées et les regardaient avec admiration. Un serveur se tenait à l'épaule d'Ormsby, impatient de recevoir un pourboire généreux. Dans l'air qui planait sur eux, dans cette petite atmosphère secrète de camaraderie qu'ils chérissaient si soigneusement, se répandait le sentiment d'une nouvelle personnalité. Flottant dans l'esprit de Margaret, à côté du visage noble et tranquille de son père, avec son cachet de capacité et de gentillesse, se trouvait un autre visage - le visage de l'homme qui lui avait parlé dans la maison de la colonie, non pas celui de Margaret Ormsby, fille de David Ormsby de la colonie. labourer la confiance, mais en tant que femme qui pouvait servir ses fins et qu'il voulait servir. La vision dans son esprit la hantait et elle écoutait avec indifférence les paroles de son père. Elle sentit que le visage sévère du jeune avocat, avec sa bouche forte et son air autoritaire, était comme quelque chose d'imminent et essaya de retrouver le sentiment d'aversion qu'elle avait ressenti la première fois qu'il s'était introduit à la porte de la maison de colonie. Elle ne réussit qu'à rappeler certaines lignes fermes d'intention qui compensaient et tempéraient la brutalité de son visage.

Assise dans le restaurant en face de son père, où, jour après jour, ils s'étaient efforcés de construire un véritable partenariat, Margaret fondit soudain en larmes.

"J'ai rencontré un homme qui m'a obligé à faire ce que je ne voulais pas faire", a-t-elle expliqué à l'homme étonné avant de lui sourire à travers les larmes qui brillaient dans ses yeux.

CHAPITRE II

À Chicago, les Ormsby vivaient dans une grande maison en pierre sur Drexel Boulevard. La maison avait une histoire. Elle appartenait à un banquier qui était un actionnaire important et l'un des administrateurs de la fiducie de charrue. Comme tous les hommes qui l'ont bien connu, le banquier admirait et respectait la capacité et l'intégrité de David Ormsby. Lorsque le laboureur est venu d'une ville du Wisconsin pour devenir le maître de la charrue, il lui a offert la maison à utiliser.

La maison était venue au banquier de son père, un vieux marchand d'argent sombre et déterminé d'une génération passée, mort détesté par la moitié de Chicago après avoir travaillé seize heures par jour pendant soixante ans. Dans sa vieillesse, le marchand avait construit la maison pour exprimer le pouvoir que la richesse lui avait conféré. Les planchers et les boiseries étaient astucieusement travaillés à partir de bois coûteux par des ouvriers envoyés à Chicago par une entreprise bruxelloise. Dans le long salon situé devant la maison était suspendu un lustre qui avait coûté dix mille dollars au marchand. L'escalier menant à l'étage supérieur provenait du palais d'un prince de Venise et avait été acheté pour le marchand et transporté par mer jusqu'à la maison de Chicago.

Le banquier qui avait hérité de la maison ne voulait pas y vivre. Même avant la mort de son père et après son propre mariage raté, il vivait dans un club du centre-ville. Dans sa vieillesse, le commerçant, retiré du commerce, vivait dans la maison avec un autre vieillard, inventeur. Il ne pouvait pas se reposer bien qu'il ait renoncé à travailler dans ce but. Creusant une tranchée dans la pelouse à l'arrière de la maison, il passait ses journées avec son ami à essayer de réduire les déchets d'une de ses usines à quelque chose ayant une valeur commerciale. Des incendies brûlaient dans la tranchée et la nuit, le vieil homme sinistre, les mains couvertes de goudron, était assis dans la maison sous le lustre. Après la mort du marchand, la maison resta vide, regardant les passants dans la rue, ses allées et ses sentiers envahis par les mauvaises herbes et l'herbe épaisse.

David Ormsby s'est installé dans sa maison. En se promenant dans les longs couloirs ou en s'asseyant en fumant son cigare dans un fauteuil sur la vaste pelouse, il avait l'air habillé et entouré. La maison est devenue une partie de lui comme un vêtement bien fait et intelligemment porté. Dans le salon, sous le lustre à dix mille dollars, il déplaça une table de billard et le cliquetis des boules d'ivoire bannit le caractère religieux du lieu.

De haut en bas de l'escalier se déplaçaient des jeunes filles américaines, amies de Margaret, leurs jupes bruissant et leurs voix parcourant les immenses pièces. Le soir, après le dîner, David jouait au billard. Le calcul minutieux des angles et des anglais l'intéressait. En jouant le soir avec Margaret ou avec un ami, la fatigue de la journée était passée et sa voix honnête et son rire réverbérant faisaient sourire les passants dans la rue. Le soir, David emmenait ses amis discuter avec lui sur les larges vérandas. Parfois, il allait seul dans sa chambre au sommet de la maison et se plongeait dans les livres. Le samedi soir, il faisait une débauche et, avec un groupe d'amis de la ville, il s'asseyait à une table de cartes dans le long salon , jouant au poker et buvant des highballs.

Laura Ormsby, la mère de Margaret, n'avait jamais semblé faire réellement partie de sa vie. Même lorsqu'elle était enfant, la fille la trouvait désespérément romantique. La vie l'avait trop bien traitée et elle attendait de tous ceux qui l'entouraient des qualités et des réactions qu'elle n'aurait pas cherché à obtenir de sa propre personne.

David avait déjà commencé à s'élever lorsqu'il l'épousa, la fille élancée aux cheveux bruns d'un cordonnier du village, et même à cette époque, la petite entreprise de charrues dont les propriétaires étaient dispersés parmi les marchands et les agriculteurs des environs avait commencé sous sa main à fabriquer des charrues. progrès dans l'État. On parlait déjà de son maître comme d'un homme à venir et de Laura comme de l'épouse d'un homme à venir.

Pour Laura, cela n'était pas satisfaisant d'une certaine manière. Assise à la maison et ne faisant rien, elle avait toujours un désir passionné d'être connue comme un personnage, un individu, une femme d'action. Dans la rue, alors qu'elle marchait aux côtés de son mari, elle rayonnait devant les gens, mais lorsque les mêmes personnes parlaient, les traitant de beau couple, une rougeur lui montait aux joues et un éclair d'indignation lui traversait le cerveau.

Laura Ormsby restait éveillée la nuit dans son lit, pensant à sa vie. Elle avait un monde de fantaisies dans lequel elle vivait à ces moments-là. Dans son monde onirique, mille aventures passionnantes lui sont venues. Elle imaginait une lettre reçue par la poste, racontant une intrigue dans laquelle le nom de David était associé à celui d'une autre femme et restait au lit en serrant tranquillement cette pensée dans ses bras. Elle regarda tendrement le visage de David endormi. « Pauvre garçon aux abois », marmonna-t-elle. "Je serai résigné et joyeux et je le ramènerai doucement à son ancienne place dans mon cœur."

Le matin, après une nuit passée dans ce monde onirique, Laura regarda David, si cool et efficace, et fut irritée par son efficacité. Lorsqu'il posa joyeusement sa main sur son épaule, elle s'éloigna et, assise en face de lui au petit-déjeuner, le regarda lire le journal du matin, inconsciente des pensées rebelles dans son esprit.

Une fois, après avoir déménagé à Chicago et après le retour de Margaret de l'université, Laura eut la vague idée d'une aventure. Bien que cela se soit avéré docile, cela persistait dans son esprit et, d'une certaine manière, adoucissait ses pensées.

Elle était seule dans une voiture-lits venant de New York. Un jeune homme était assis sur un siège en face d'elle et les deux hommes ont commencé à discuter. Tout en parlant, Laura s'imaginait s'enfuir avec le jeune homme et regardait sous ses cils son visage faible et agréable. Elle a maintenu la conversation vivante tandis que d'autres personnes dans la voiture s'éloignaient pour la nuit derrière les rideaux verts qui se balançaient.

Avec le jeune homme, Laura discuta des idées qu'elle avait acquises en lisant Ibsen et Shaw. Elle devenait audacieuse et audacieuse dans l'avancement des opinions et essayait d'inciter le jeune homme à quelque discours ou à une action ouverte qui pourrait éveiller son indignation.

Le jeune homme ne comprenait pas la femme d'âge moyen qui était assise à côté de lui et parlait avec tant d'audace. Il ne connaissait qu'un seul homme éminent nommé Shaw et cet homme avait été gouverneur de l'Iowa et plus tard membre du cabinet du président McKinley. Cela l'a surpris de penser qu'un membre éminent du parti républicain puisse avoir de telles pensées ou exprimer de telles opinions. Il parla de la pêche au Canada et d'un opéra-comique qu'il avait vu à New York et, à onze heures, bâilla et disparut derrière les rideaux verts. Alors que le jeune homme était allongé dans sa couchette , il murmura : « Maintenant, que voulait cette femme ? Une pensée lui vint à l'esprit et il tendit la main jusqu'à l'endroit où son pantalon se balançait dans un petit hamac au-dessus de la fenêtre et regarda pour voir que sa montre et son portefeuille étaient toujours là.

À la maison, Laura Ormsby nourrissait l'idée de la conversation avec l'homme étrange dans le train. Dans son esprit, il était devenu quelque chose de romantique et d'audacieux, un rayon de lumière sur ce qu'elle se plaisait à considérer comme sa sombre vie.

Assis au dîner, elle a parlé de lui en décrivant ses charmes. "Il avait un esprit merveilleux et nous restions assis tard dans la nuit pour discuter", a-t-elle déclaré en observant le visage de David.

Quand elle eut parlé, Margaret leva les yeux et dit en riant : « Aie du cœur , papa. Voici du romantisme. Ne soyez pas aveugle. Mère essaie de vous faire peur à propos d'une prétendue histoire d'amour.

CHAPITRE III

Un soir, trois semaines après le grand procès pour meurtre, McGregor fit une longue promenade dans les rues de Chicago et essaya de planifier sa vie. Il était troublé et déconcerté par l'événement qui s'était produit juste après son succès dramatique dans la salle d'audience et plus que troublé par le fait que son esprit jouait constamment avec le rêve d'avoir Margaret Ormsby comme épouse. Dans la ville, il était devenu une puissance et, au lieu des noms et des photos des criminels et des gardiens de maisons désordonnées, son nom et sa photo apparaissaient désormais à la une des journaux. Andrew Leffingwell, le représentant politique à Chicago d'un riche et prospère éditeur de journaux à sensation, lui avait rendu visite dans son bureau et lui avait proposé de faire de lui une personnalité politique de la ville. Finley, un avocat pénaliste réputé, lui avait proposé un partenariat. L'avocat, un petit homme souriant aux dents blanches, n'avait pas demandé à McGregor une décision immédiate. D'une certaine manière, il avait pris la décision pour acquise. Souriant amicalement et faisant rouler un cigare sur le bureau de McGregor, il avait passé une heure à raconter des histoires de triomphes célèbres dans les salles d'audience.

« Un tel triomphe suffit à faire un homme », a-t-il déclaré. « Vous n'imaginez pas jusqu'où un tel succès vous mènera. Le mot ne cesse de courir dans les esprits des hommes. Une tradition se construit. Son souvenir agit sur l'esprit des jurés. Les affaires sont gagnées pour vous par le simple lien entre votre nom et l'affaire.

McGregor marchait lentement et lourdement dans les rues sans voir les gens. Dans l'avenue Wabash, près de la 23e rue , il s'est arrêté dans un saloon et a bu de la bière. Le salon se trouvait dans une pièce située en contrebas du trottoir et le sol était recouvert de sciure de bois. Deux ouvriers à moitié ivres se disputaient près du bar. L'un des ouvriers qui était socialiste maudissait continuellement l'armée et ses paroles ont amené McGregor à penser au rêve qu'il avait si longtemps entretenu et qui semblait maintenant s'estomper. "J'étais dans l'armée et je sais de quoi je parle", a déclaré le socialiste. « Il n'y a rien de national dans l'armée. C'est une chose privée. Ici, il appartient secrètement aux capitalistes et en Europe à l'aristocratie. Ne me le dis pas, je sais. L'armée est composée de clochards. Si je suis un clochard, je le suis alors. Vous verrez assez vite quels sont les hommes dans l'armée si jamais le pays est pris et entraîné dans une grande guerre.

Devenu excité, le socialiste éleva la voix et frappa le bar. « Bon sang, nous ne nous connaissons pas du tout », a-t-il crié. « Nous n'avons jamais été testés. Nous nous considérons comme une grande nation parce que nous sommes riches. Nous sommes comme un gros garçon qui a mangé trop de tarte. Oui, monsieur, c'est ce que nous sommes ici en Amérique et, en ce qui concerne notre armée, elle est un jouet de gros garçon. Éloignez-vous-en.

McGregor s'assit dans un coin du salon et regarda autour de lui. Les hommes entraient et sortaient à la porte. Un enfant a descendu les quelques marches de la rue avec un seau et a couru sur le sol en sciure. Sa voix, fine et aiguë, transperçait le babillage des voix masculines. « Dix cents, donnez-moi beaucoup », supplia-t-elle en levant le seau au-dessus de sa tête et en le posant sur le bar.

Le visage souriant et confiant de Finley, l'avocat, revint à l'esprit de McGregor. Comme David Ormsby, le fabricant de charrues à succès, l'avocat considérait les hommes comme des pions dans un grand jeu et, comme le fabricant de charrues, ses intentions étaient honorables et son objectif clair. Il avait l'intention de faire une grande partie de sa vie et de réussir. S'il jouait le jeu du côté du criminel, ce n'était qu'une chance. Les choses s'étaient passées ainsi. Dans son esprit, il y avait autre chose : l'expression de son propre objectif.

McGregor se leva et sortit du salon. Dans la rue, les hommes se tenaient en groupes. Dans la trente-neuvième rue, une foule de jeunes se bagarrant sur le trottoir se bouscula contre le grand homme marmonnant qui passait, son chapeau à la main. Il commença à sentir qu'il se trouvait au milieu de quelque chose de trop vaste pour être touché par les efforts d'un seul homme. La pitoyable insignifiance de l'individu était évidente. Comme dans une longue procession, défilaient devant lui les figures des individus qui avaient tenté de sortir du chaos de la vie américaine. Avec un frisson, il réalisa que, pour la plupart, les hommes dont les noms remplissaient les pages de l'histoire américaine ne signifiaient rien. Les enfants qui lisaient leurs actes restaient impassibles. Peut-être n'avaient-ils fait qu'accroître le désordre. Comme les hommes qui passaient dans la rue , ils traversaient la face des choses et disparaissaient dans l'obscurité.

"Peut-être que Finley et Ormsby ont raison", murmura-t-il. « Ils obtiennent ce qu'ils peuvent, ils ont le bon sens de savoir que la vie court vite comme un oiseau en vol passant devant une fenêtre ouverte. Ils savent que si un homme pense à autre chose, il risque de devenir un autre sentimentaliste et de passer sa vie à être hypnotisé par le mouvement de sa propre mâchoire.

Au cours de ses pérégrinations, McGregor arriva dans un restaurant extérieur et un jardin, loin du côté sud. Le jardin avait été construit pour le plaisir des riches et des prospères. Sur une petite estrade, un orchestre jouait. Bien que le jardin fût entouré de murs, il était ouvert sur le ciel et au-dessus des gens rieurs attablés brillaient les étoiles.

McGregor était assis seul à une petite table sur un balcon sous une lumière tamisée. Au-dessous de lui, le long d'une terrasse, se trouvaient d'autres tables occupées par des hommes et des femmes. Sur une estrade au centre du jardin des danseurs apparurent.

McGregor, qui avait commandé un dîner, n'y a pas touché. Une grande fille gracieuse, évoquant fortement Margaret Ormsby, dansait sur l'estrade. Avec une grâce infinie, son corps exprimait les mouvements de la danse et, comme une chose soufflée par le vent, elle se déplaçait ici et là dans les bras de son partenaire, un jeune homme élancé aux longs cheveux noirs. Dans la figure de la femme dansante s'exprimait une grande partie de l'idéalisme que l'homme cherchait à matérialiser chez la femme et McGregor en était ravi. Un sensualisme si délicat qu'il n'en paraissait pas être commença à l'envahir. Avec une nouvelle faim, il attendait avec impatience le moment où il reverrait Margaret.

Sur l'estrade du jardin apparurent d'autres danseurs. Les lumières des tables étaient baissées. Des rires surgirent des ténèbres. McGregor regardait autour de lui. Les gens assis aux tables de la terrasse captèrent et retinrent son attention et il commença à regarder attentivement les visages des hommes. Comme ils étaient rusés, ces hommes qui avaient réussi dans la vie. N'étaient-ils pas après tout des sages ? Derrière la chair devenue si épaisse sur leurs os, quels yeux rusés. Il y avait un jeu dans la vie et ils l'avaient joué. Le jardin faisait partie du jeu. C'était beau et tout ce qu'il y avait de beau au monde ne finissait-il pas par leur servir ? Les arts des hommes, les pensées des hommes, les impulsions vers la beauté qui venaient dans l'esprit des hommes et des femmes, tout cela ne servait-il pas uniquement à alléger les heures des gens qui réussissaient ? Les yeux des hommes assis aux tables qui regardaient les femmes qui dansaient n'étaient pas trop gourmands. Ils étaient remplis d'assurance. N'est-ce pas pour eux que les danseurs se tournaient çà et là pour révéler leur grâce ? Si la vie était un combat, n'avaient-ils pas réussi ce combat ?

McGregor s'est levé de table et n'a pas touché à sa nourriture. Près de l'entrée des jardins , il s'arrêta et, appuyé contre un pilier, regarda de nouveau la scène devant lui. Sur l'estrade apparut toute une troupe de danseuses. Ils étaient vêtus de vêtements multicolores et dansaient une danse folklorique. Alors que McGregor regardait, une lumière commença à revenir dans ses yeux. Les femmes qui dansaient maintenant n'étaient pas du tout celles qui lui rappelaient Margaret Ormsby. Ils étaient de petite taille et leurs visages avaient quelque chose de rude. Ils allaient et venaient sur la plate-forme, ils se déplaçaient en masse. Par leur danse, ils s'efforçaient de transmettre un message. Une pensée vint à McGregor. «C'est la danse du travail », murmura-t-il. « Ici, dans ce jardin, tout est corrompu mais la note du travail n'est pas perdue. Il en reste un soupçon chez ces personnages qui peinent tout en dansant. »

McGregor s'éloigna de l'ombre du pilier et se tint, chapeau à la main, sous les lumières du jardin, attendant comme s'il attendait un appel venant des rangs des danseurs. Avec quelle fureur ils travaillaient. Comment les corps se tordaient et se tortillaient. Par sympathie pour leurs efforts, de la sueur est apparue sur le visage de l'homme qui regardait. « Quelle tempête doit se dérouler juste sous la surface du travail », marmonna-t-il. « Partout, des hommes et des femmes stupides et brutalisés doivent attendre quelque chose, sans savoir ce qu'ils veulent. Je m'en tiendrai à mon objectif mais je n'abandonnerai pas Margaret, » dit-il à voix haute, se retournant et courant à moitié hors du jardin et dans la rue.

Dans son sommeil cette nuit-là, McGregor rêvait d'un monde nouveau, un monde de phrases douces et de mains douces qui calmaient la brute montante en l'homme. C'était un rêve vieux du monde, le rêve à partir duquel des femmes telles que Margaret Ormsby ont été créées. Les longues mains fines qu'il avait vues posées sur le bureau de la maison de colonie touchaient maintenant ses mains. Inquiet, il se roulait dans le lit et le désir lui vint au point de le réveiller. Sur le boulevard, les gens passaient encore. McGregor se leva et resta debout dans l'obscurité près de la fenêtre de sa chambre, regardant. Un théâtre venait de cracher sa part d'hommes et de femmes richement habillés et lorsqu'il ouvrit la fenêtre, les voix des femmes parvinrent claires et aiguës à ses oreilles.

L'homme distrait regardait dans l'obscurité et ses yeux bleus étaient troublés. La vision de la bande désordonnée et désorganisée de mineurs marchant silencieusement à la suite des funérailles de sa mère dans la vie de laquelle il devait, par un effort suprême, mettre de l'ordre, fut troublée et brisée par la vision plus précise et plus belle qui lui était venue.

CHAPITRE IV

Depuis qu'elle avait vu McGregor, Margaret avait pensé à lui presque constamment. Elle pesa et équilibra ses propres inclinations et décida que si l'occasion se présentait , elle épouserait l'homme dont la force et le courage l'avaient tant séduite. Elle était à moitié déçue que l'opposition qu'elle avait vue sur le visage de son père lorsqu'elle lui avait parlé de McGregor et qu'elle s'était trahie par ses larmes ne soit pas devenue plus active. Elle avait envie de se battre, de défendre l'homme qu'elle avait secrètement choisi. Comme rien n'était dit à ce sujet, elle alla voir sa mère et essaya de s'expliquer. "Nous l'aurons ici", dit rapidement la mère. « Je donne une réception la semaine prochaine. Je ferai de lui le personnage principal. Donnez-moi son nom et son adresse et je m'occuperai de l'affaire.

Laura se leva et entra dans la maison. Une lueur astucieuse apparut dans ses yeux. « Il agira comme un imbécile devant notre peuple », se dit-elle. "C'est une brute et il sera amené à ressembler à une brute." Elle ne put retenir son impatience et chercha David. « C'est un homme à craindre », dit-elle ; « il ne reculerait devant rien. Vous devez trouver un moyen de mettre fin à l'intérêt de Margaret pour lui. Connaissez-vous un meilleur plan que de l'avoir ici où il aura l'air idiot ?

David retira le cigare de ses lèvres. Il se sentait ennuyé et irrité qu'une affaire concernant Margaret ait été évoquée pour discussion. Dans son cœur, il craignait aussi McGregor. "Laisse tomber", dit-il sèchement. "C'est une femme adulte qui a plus de jugement et de bon sens que n'importe quelle autre femme que je connais." Il se leva et jeta le cigare par-dessus la véranda dans l'herbe. « Les femmes ne sont pas compréhensibles », crie-t-il à moitié. « Ils font des choses inexplicables, ont des fantaisies inexplicables. Pourquoi n'avancent-ils pas en ligne droite comme un homme sensé ? Il y a des années , j'ai renoncé à vous comprendre et maintenant je suis obligé de renoncer à comprendre Margaret.

Lors de la réception de Mme Ormsby, McGregor est apparu vêtu du costume noir qu'il avait acheté pour les funérailles de sa mère. Ses cheveux roux flamboyants et son visage grossier ont attiré l'attention de tous. De tous côtés, des discussions et des rires crépitaient autour de lui. De même que Margaret avait été alarmée et mal à l'aise dans la salle d'audience bondée où se déroulait un combat pour la vie, de même lui, parmi ces gens qui prononçaient de petites phrases brisées et riaient bêtement de rien, se sentait déprimé et incertain. Au sein de l' entreprise , il occupait à peu près la même position qu'un nouvel animal féroce capturé en toute sécurité et maintenant exposé en cage. Ils pensaient que c'était intelligent de la part de Mme Ormsby de l'avoir et il était, dans un sens pas tout à fait accepté, le lion de la soirée. La rumeur selon laquelle il serait là avait incité plus d'une femme à rompre d'autres engagements et à venir là où elle pourrait prendre la main et discuter avec ce héros des journaux, et les hommes lui serraient la main, le regardaient attentivement et se demandaient ce qui se passait. quelle puissance et quelle ruse il y avait en lui.

Dans les journaux après le procès pour meurtre, un cri s'était élevé à propos de la personne de McGregor. Craignant de publier intégralement la substance de son discours sur le vice, sa propriété et sa signification, ils avaient rempli leurs colonnes de discussions sur cet homme. L'énorme avocat écossais du Tenderloin était proclamé comme quelque chose de nouveau et d'effrayant dans la masse grise de la population de la ville. Puis, comme dans les jours courageux qui suivirent, l'homme captura irrésistiblement l'imagination des hommes qui écrivaient, lui-même muet dans les mots écrits ou parlés sauf dans le feu d'un élan inspiré lorsqu'il exprimait parfaitement cette pure force brute dont le désir dort dans les âmes. d'artistes.

Contrairement aux hommes, les femmes magnifiquement habillées présentes à la réception n'avaient aucune crainte de McGregor. Ils voyaient en lui quelque chose à apprivoiser et à conquérir et ils se rassemblèrent en groupes pour engager la conversation et lui rendre le regard inquisiteur dans ses yeux. Ils pensaient qu'avec une âme aussi invaincue, la vie pourrait prendre une nouvelle ferveur et un nouvel intérêt. Comme les femmes qui jouaient avec des cure-dents dans le restaurant O'Toole, plus d'une des femmes présentes à la réception de Mme Ormsby souhaitaient à moitié inconsciente qu'un tel homme puisse être son amant.

L'un après l'autre, Margaret a amené les hommes et les femmes de son monde à associer leurs noms à ceux de McGregor et à essayer de l'établir dans l'atmosphère d'assurance et d'aisance qui imprégnait la maison et les gens. Il se tenait près du mur, s'inclinant et regardant autour de lui avec audace et pensait que la confusion et la distraction d'esprit qui avaient suivi sa première visite à Margaret à la maison de colonie augmentaient incommensurablement à chaque instant qui passait. Il regardait le lustre scintillant au plafond et les gens qui se déplaçaient - les hommes à l'aise, confortables - les femmes aux mains expressives merveilleusement délicates et avec leurs cous et épaules ronds et blancs dépassant de leurs robes et un sentiment d'impuissance totale l'envahissait. . Jamais auparavant il n'avait été dans une entreprise aussi féminine. Il pensait aux belles femmes qui l'entouraient, les voyant à sa manière directe, grossière et énergique, simplement comme des femmes travaillant parmi des hommes, poursuivant un but. « Avec toute la sensualité légèrement suggestive de leur tenue vestimentaire et de leur personne, ils ont dû, d'une manière ou d'une autre, saper la force et le but de ces hommes qui évoluent parmi eux si indifféremment », pensa-t-il. En lui-même, il ne savait rien à mettre en place pour se défendre contre ce qu'il pensait qu'une telle beauté devait devenir pour l'homme qui vivait avec elle. Il pensait que son pouvoir devait être quelque chose de monumental et il regardait avec admiration le visage calme du père de Margaret, évoluant parmi ses invités.

McGregor sortit de la maison et se tint dans la pénombre sur la véranda. Lorsque Mme Ormsby et Margaret le suivirent , il regarda la femme plus âgée et sentit son antagonisme. Le vieil amour du combat l'envahit et il se tourna et resta silencieux à la regarder. « Cette belle dame, pensa-t-il, ne vaut pas mieux que les femmes du Premier Quartier. Elle a une idée à laquelle j'abandonnerai sans combattre.

La peur de l'assurance et de la stabilité des gens de Margaret qui l'avait presque envahi dans la maison disparut de son esprit. La femme qui s'est considérée toute sa vie comme une personne attendant seulement l'occasion d'apparaître comme une figure dominante dans les affaires a fait de sa présence un échec des efforts visant à submerger McGregor.

Sur la véranda se tenaient les trois personnes. McGregor, le silencieux, est devenu le bavard. Saisi par l'une des inspirations qui faisaient partie de sa nature, il lança des discussions, s'entraînant et renvoyant poussée pour poussée avec Mme Ormsby. Lorsqu'il pensa que le moment était venu pour lui de s'attaquer à ce qu'il avait en tête, il entra dans la maison et en ressortit avec son chapeau. La dureté qui s'insinuait dans sa voix lorsqu'il était excité ou déterminé surprit Laura Ormsby. La regardant, il dit : « Je vais emmener votre fille se promener dans la rue. Je veux parler avec elle.

Laura hésita et sourit avec incertitude. Elle a décidé de s'exprimer, d'être comme cet homme, cru et direct. Lorsqu'elle eut l'esprit fixé et prêt, Margaret et McGregor étaient déjà à mi-chemin de l'allée de gravier menant à la porte et l'occasion de se distinguer était passée.

McGregor marchait à côté de Margaret, absorbé par ses pensées. «Je suis engagé dans un travail ici», dit-il en agitant vaguement la main vers la ville. « C'est un gros travail et cela me demande beaucoup de travail. Je ne suis pas venu vous voir parce que j'étais incertain. J'avais peur que vous me submergeiez et que vous me chassiez de la tête les pensées liées au travail.

Près du portail en fer, au bout de l'allée de gravier, ils se tournèrent et se firent face. McGregor s'appuya contre le mur de briques et la regarda. «Je veux que tu m'épouses», dit-il. "Je pense à vous constamment. En pensant à toi, je ne peux faire qu'à moitié mon travail. J'en arrive à penser qu'un autre homme pourrait venir te prendre et je perds des heures et des heures à avoir peur.

Elle posa une main tremblante sur son bras et il, pensant vérifier une tentative de réponse avant d'avoir fini, se dépêcha.

« Il y a des choses à dire et à comprendre entre nous avant que je puisse venir vers vous en tant que prétendant. Je ne pensais pas que je devrais ressentir envers une femme ce que je ressens envers vous et j'ai certains ajustements à faire. Je pensais que je pourrais m'entendre sans ton genre de femmes. Je pensais que tu n'étais pas pour moi – avec le travail que j'ai pensé faire dans le monde. Si vous ne voulez pas m'épouser, je serai heureux de le savoir maintenant afin que je puisse me remettre les idées en ordre.

Margaret leva la main et la posa sur son épaule. Cet acte était une sorte de reconnaissance de son droit de lui parler si directement. Elle n'a rien dit. Remplie de mille messages d'amour et de tendresse qu'elle avait envie de lui verser à l'oreille, elle se tenait en silence sur le chemin de gravier, la main sur son épaule.

Et puis une chose absurde s'est produite. La peur que Margaret puisse prendre une décision rapide qui affecterait tout leur avenir ensemble rendait McGregor frénétique. Il ne voulait pas qu'elle parle et souhaitait que ses propres mots ne soient pas prononcés. "Attendez. Pas maintenant », cria-t-il en levant la main avec l'intention de lui prendre la main. Son poing frappa le bras qui reposait sur son épaule et celui-ci fit à son tour tomber son chapeau qui vola sur la route. McGregor a commencé à courir après puis s'est arrêté. Il porta la main à sa tête et parut perdu dans ses pensées. Lorsqu'il se tourna de nouveau pour poursuivre le chapeau, Margaret, incapable de se contrôler plus longtemps, éclata de rire.

Sans chapeau, McGregor remonta le boulevard Drexel dans le doux calme de la nuit d'été. Il était ennuyé par l'issue de la soirée et, dans son cœur , regrettait à moitié que Margaret l'ait renvoyé vaincu. Ses bras lui faisaient mal de l'avoir contre sa poitrine mais son esprit ne cessait de présenter l'une après l'autre les objections au mariage avec elle. « Les hommes sont submergés par de telles femmes et oublient leur travail », se dit-il. «Ils regardent les doux yeux bruns de leur bien-aimé, pensant au bonheur. Un homme devrait faire son travail en pensant à cela. Le feu qui coule dans les veines de son corps devrait éclairer son esprit. On veut considérer l'amour de la femme comme une fin dans la vie et la femme l'accepte et en est rendue heureuse. Il pensa avec gratitude à Edith dans sa boutique de Monroe Street. "Je ne reste pas assis dans ma chambre la nuit à rêver de la prendre dans mes bras et de verser des baisers sur ses lèvres", a-t-il murmuré.

Sur le pas de la porte de sa maison, Mme Ormsby observait McGregor et Margaret. Elle les avait vus s'arrêter au bout de la promenade. La silhouette de l'homme se perdait dans l'ombre et celle de Margaret se dressait seule, se détachant sur une lumière lointaine. Elle vit la main de Margaret tendue – elle tenait sa manche – et entendit le murmure des voix. Et puis l'homme se précipitant dans la rue. Son chapeau fut catapulté devant lui et un rapide éclat de rire à moitié hystérique brisa le silence.

Laura Ormsby était furieuse. Même si elle détestait McGregor, elle ne supportait pas l'idée que le rire puisse briser le charme de la romance. « Elle est comme son père », marmonna-t-elle. "Au moins, elle pourrait faire preuve d'un peu d'entrain et ne pas ressembler à une chose en bois, terminant sa première conversation avec un amant avec un rire pareil."

Quant à Margaret, elle se tenait dans l'obscurité, tremblante de bonheur. Elle s'imaginait monter l'escalier sombre menant au bureau de McGregor dans Van Buren Street où elle était allée lui apporter des nouvelles de l'affaire du meurtre, posant sa main sur son épaule et disant : « Prends-moi dans tes bras et embrasse-moi. Je suis ta femme. Je veux vivre avec toi. Je suis prêt à renoncer à mon peuple et à mon monde et à vivre votre vie pour vous. Margaret, debout dans l'obscurité devant l'immense vieille maison du boulevard Drexel, s'imaginait avec Beaut McGregor, vivant avec lui comme sa femme dans un petit appartement au-dessus d'un marché aux poissons dans une rue du West Side . Pourquoi un marché aux poissons, elle n'aurait pas pu le dire.

CHAPITRE V

Edith Carson avait six ans de plus que McGregor et vivait entièrement en elle-même. Elle était de ces natures qui ne s'expriment pas par des mots. Bien qu'à son arrivée dans le magasin, son cœur battait fort, aucune couleur ne lui montait aux joues et ses yeux pâles ne reflétaient pas son message. Jour après jour, elle restait assise dans son magasin au travail, tranquille, forte de sa propre foi, prête à donner son argent, sa réputation et, si besoin était, sa vie à la réalisation de son propre rêve de femme. Elle ne voyait pas en McGregor la formation d'un homme de génie comme le pensait Margaret et n'espérait pas exprimer à travers lui un désir secret de pouvoir. C'était une femme qui travaillait et pour elle, il représentait tous les hommes. Dans son cœur secret, elle le considérait simplement comme l'homme – son homme.

Et pour McGregor, Edith était une compagne et une amie. Il la voyait assise année après année dans sa boutique, mettant de l'argent dans la caisse d'épargne, gardant un air joyeux devant le monde, jamais autoritaire, gentille, sûre d'elle à sa manière. "Nous pourrions continuer éternellement comme nous le faisons maintenant et elle n'en serait pas moins contente", se dit-il.

Un après-midi, après une semaine de travail particulièrement dure, il se rendit chez elle pour s'asseoir dans son petit atelier et réfléchir à la question d'épouser Margaret Ormsby. C'était une saison tranquille dans le métier d'Edith et elle était seule dans le magasin à servir un client. McGregor s'allongea sur le petit canapé de la salle de travail. Pendant une semaine, il avait parlé nuit après nuit à des rassemblements d'ouvriers et, plus tard, il s'était assis dans sa propre chambre en pensant à Margaret. Maintenant, sur le canapé, avec le murmure des voix dans ses oreilles, il s'endormit.

Quand il se réveilla, il était tard dans la nuit et Edith était assise par terre, à côté du canapé, les doigts dans les cheveux.

McGregor ouvrit doucement les yeux et la regarda. Il pouvait voir une larme couler sur sa joue. Elle regardait droit devant elle le mur de la pièce et, à la faible lumière qui pénétrait par une fenêtre, il pouvait voir les cordons tirés de son petit cou et le nœud de cheveux couleur souris sur sa tête.

McGregor ferma rapidement les yeux. Il avait l'impression d'être réveillé par un filet d'eau froide sur la poitrine. Il se rendit compte avec précipitation qu'Edith Carson attendait quelque chose de lui – quelque chose qu'il n'était pas prêt à lui donner.

Elle se leva au bout d'un moment et se faufila tranquillement dans le magasin. Avec beaucoup de bruit et d'agitation, il se leva également et commença à appeler fort. Il a exigé l'heure et s'est plaint d'un rendez-vous manqué. Montant le gaz, Edith l'accompagna jusqu'à la porte. Sur son visage se trouvait le vieux sourire placide. McGregor s'est précipité dans l'obscurité et a passé le reste de la nuit à marcher dans les rues.

Le lendemain, il se rendit chez Margaret Ormsby à la maison de colonisation. Avec elle, il n'utilisait aucun art. Allant droit au but, il lui raconta la fille du croque-mort assise à côté de lui sur une éminence au-dessus de Coal Creek, le barbier et ses discussions sur les femmes sur le banc du parc et comment cela l'avait conduit à cette autre femme agenouillée par terre dans le parc. petite maison à ossature, les poings dans les cheveux et d'Edith Carson dont la compagnie l'avait sauvé de tout cela.

« Si vous n'entendez pas tout cela et que vous voulez toujours vivre avec moi », a-t-il déclaré, « il n'y a pas d'avenir pour nous ensemble. Je te veux. J'ai peur de toi et de mon amour pour toi mais je te veux quand même. J'ai vu votre visage flotter au-dessus du public dans les salles où je travaillais. J'ai regardé des bébés dans les bras de femmes d'ouvriers et je voulais voir mon bébé dans vos bras. Je me soucie plus de ce que je fais que de toi, mais je t'aime.

McGregor se leva et se plaça au-dessus d'elle. «Je t'aime avec mes bras qui ont hâte de se refermer sur toi, avec mon cerveau planifiant le triomphe des travailleurs, avec tout le vieil amour humain déroutant dont j'avais presque pensé ne jamais vouloir.

« Je ne peux pas supporter cette attente. Je ne peux pas supporter de ne pas savoir pour pouvoir le dire à Edith. Je ne peux pas avoir l'esprit rempli de votre besoin au moment même où les hommes commencent à attraper l'infection d'une idée et attendent de moi un leadership lucide. Prends-moi ou laisse-moi partir et vivre ma vie.

Margaret Ormsby regarda McGregor. Lorsqu'elle parlait, sa voix était aussi douce que celle de son père disant à un ouvrier de l'atelier quoi faire avec une machine cassée.

«Je vais t'épouser», dit-elle simplement. « J'en suis plein d'y penser. Je te veux, je te veux si aveuglément que je pense que tu ne peux pas comprendre.

Elle se leva face à lui et le regarda dans les yeux.

« Vous devez attendre », dit-elle. «Je dois voir Edith, je dois le faire moi-même. Pendant toutes ces années, elle vous a servi – elle a eu ce privilège.

McGregor regarda de l'autre côté de la table les beaux yeux de la femme qu'il aimait.

"Tu m'appartiens même si j'appartiens à Edith", dit-il.

«Je verrai Edith», répondit à nouveau Margaret.

CHAPITRE VI

McGregor a laissé à Margaret le soin de raconter l'histoire de son amour. Edith Carson, qui connaissait si bien la défaite et qui avait en elle le courage de la défaite, a été vaincue par l'intermédiaire de la femme invaincue et il s'est laissé oublier toute l'affaire. Depuis un mois, il essayait sans succès de convaincre les ouvriers d'adopter l'idée des Marching Men et, après l'entretien avec Margaret, il resta obstinément au travail.

Et puis un soir, quelque chose s'est produit qui l'a excité. L'idée de Marching Men, devenue plus qu'à moitié intellectualisée , redevint une passion brûlante et la question de sa vie avec les femmes fut rapidement et définitivement éclaircie.

Il faisait nuit et McGregor se tenait sur le quai du chemin de fer surélevé, au niveau des rues State et Van Buren. Il se sentait coupable à l'égard d'Edith et avait l'intention de sortir chez elle mais la scène de la rue en contrebas le fascinait et il restait debout, regardant le long de l'artère éclairée.

Depuis une semaine, il y avait une grève des camionneurs dans la ville et cet après-midi-là, il y avait eu une émeute. Des vitres ont été brisées et plusieurs hommes blessés. Maintenant, la foule du soir se rassemblait et les orateurs grimpaient sur les tribunes pour parler. Partout, il y avait un grand remuement de mâchoires et un grand mouvement de bras. McGregor s'est rappelé. La petite ville minière lui revint à l'esprit et il se revit comme un garçon assis dans l'obscurité sur les marches devant la boulangerie de sa mère et essayant de réfléchir. De nouveau, en imagination, il voyait les mineurs désorganisés sortir du saloon pour se retrouver dans la rue, jurant et menaçant, et de nouveau il était rempli de mépris à leur égard.

Et puis, au cœur de la grande ville de l'Ouest, la même chose s'est produite lorsqu'il était enfant en Pennsylvanie. Les autorités de la ville, ayant décidé de surprendre les grévistes par une démonstration de force, envoyèrent un régiment de troupes d'État défiler dans les rues. Les soldats portaient des uniformes marron. Ils étaient silencieux. Alors que McGregor baissait les yeux , ils quittèrent Polk Street et remontèrent State Street d'un pas mesuré, passant devant les foules désordonnées sur le trottoir et les haut-parleurs tout aussi désordonnés sur le trottoir.

Le cœur de McGregor battait à tel point qu'il faillit s'étouffer. Les hommes en uniforme, chacun en soi ne signifiant rien, étaient devenus, en marchant ensemble, tous vivants de sens. Il eut de nouveau envie de crier, de courir dans la rue et de les embrasser. La force en eux semblait embrasser, comme dans le baiser d'un amant, la force en lui et quand ils furent passés et que le tintement désordonné des voix éclata à nouveau , il monta dans une voiture et sortit chez Edith le cœur enflammé de résolution. .

La boutique de chapellerie d'Edith Carson était entre les mains d'un nouveau propriétaire. Elle s'était vendue et s'était enfuie. McGregor se tenait dans la salle d'exposition, regardant autour de lui les caisses remplies de leurs parures de plumes et les chapeaux le long du mur. La lumière d'un réverbère qui entrait par la fenêtre faisait danser des millions de minuscules particules devant ses yeux.

De la pièce à l'arrière de la boutique — la pièce où il avait vu les larmes de souffrance dans les yeux d'Edith — sortit une femme qui lui annonça qu'Edith avait vendu l'entreprise. Elle était excitée par le message qu'elle devait transmettre et passa devant l'homme qui l'attendait, se dirigeant vers la porte moustiquaire pour lui tourner le dos et regarder la rue.

Du coin des yeux, la femme le regardait. C'était une petite femme aux cheveux noirs avec deux dents dorées brillantes et des lunettes sur le nez. « Il y a eu une querelle d'amoureux ici », se dit-elle.

«J'ai acheté le magasin», dit-elle à voix haute. "Elle m'a dit de vous dire qu'elle était partie."

McGregor n'a pas attendu davantage mais s'est précipité devant la femme dans la rue. Dans son cœur régnait un sentiment de perte stupide et douloureuse. Sur un coup de tête, il se retourna et revint en courant.

Debout dans la rue, près de la porte moustiquaire, il a crié d'une voix rauque. "Où est-elle allée?" il a ordonné.

La femme rit joyeusement. Elle sentait qu'elle obtenait avec la boutique une saveur de romance et d'aventure qui lui plaisait beaucoup. Puis elle se dirigea vers la porte et sourit à travers le paravent. « Elle vient tout juste de partir », dit-elle. « Elle s'est rendue à la gare de Burlington. Je pense qu'elle est partie vers l'Ouest. Je l'ai entendue parler à l'homme de sa malle. Elle est ici depuis deux jours depuis que j'ai acheté la boutique. Je pense qu'elle attendait que tu viennes. Vous n'êtes pas venu et maintenant elle est partie et peut-être que vous ne la retrouverez pas. Elle n'avait pas l'air de quelqu'un qui se disputerait avec un amant.

La femme dans le magasin rit doucement alors que McGregor s'éloignait précipitamment. "Maintenant, qui aurait cru que cette petite femme tranquille aurait un tel amant ?" se demanda-t-elle.

Dans la rue, McGregor a couru et a levé la main pour arrêter une automobile qui passait. La femme l'a vu assis dans l'automobile en train de parler à un homme aux cheveux gris au volant, puis la machine a tourné et a disparu dans la rue à un rythme contraire à la loi.

McGregor a encore une fois eu un nouvel éclairage sur le personnage d'Edith Carson. "Je peux la voir le faire", se dit-il - " disant joyeusement à Margaret que cela n'avait pas d'importance et tout en planifiant cela dans un coin de sa tête." Ici, pendant toutes ces années, elle a mené sa propre vie. Les aspirations secrètes, les désirs et la vieille faim humaine d'amour, de bonheur et d'expression se sont poursuivis sous son extérieur placide comme ils l'ont fait sous le mien.

McGregor pensa aux journées chargées derrière lui et réalisa avec honte à quel point Edith l'avait peu vu. C'était à l'époque où son grand mouvement The Marching Men commençait à peine à se faire jour et la nuit précédente, il avait participé à une conférence de travailleurs qui voulaient qu'il fasse une démonstration publique du pouvoir qu'il avait secrètement construit. en haut. Chaque jour, son bureau était rempli de journalistes qui posaient des questions et exigeaient des explications. Et pendant ce temps Edith vendait sa boutique à cette femme et s'apprêtait à disparaître.

Dans la gare, McGregor trouva Edith assise dans un coin, le visage enfoui dans le creux de son bras. Fini l'extérieur placide. Ses épaules semblaient plus étroites. Sa main, suspendue au dossier du siège devant elle, était blanche et sans vie.

McGregor ne dit rien mais attrapa le sac en cuir marron qui se trouvait à côté d'elle sur le sol et, la prenant par le bras, la conduisit jusqu'à une volée de marches en pierre jusqu'à la rue.

CHAPITRE VII

Dans la maison Ormsby, le père et la fille étaient assis dans l'obscurité sur la véranda. Après la rencontre de Laura Ormsby avec McGregor, il y avait eu une autre conversation entre elle et David. Elle était maintenant partie en visite dans sa ville natale du Wisconsin et père et fille étaient assis ensemble.

David avait parlé avec insistance à sa femme de la liaison de Margaret. « Ce n'est pas une question de bon sens », avait-il dit ; « On ne peut pas prétendre qu'il y ait une perspective de bonheur dans une telle affaire. Cet homme n'est pas idiot et deviendra peut- être un jour un grand homme, mais ce ne sera pas le genre de grandeur qui apportera bonheur ou contentement à une femme comme Margaret. Il pourrait finir sa vie en prison.

McGregor et Edith remontèrent l'allée de gravier et se tinrent près de la porte d'entrée de la maison Ormsby. De l'obscurité de la véranda parvenait la voix chaleureuse de David. «Viens t'asseoir ici», dit-il.

McGregor attendait silencieusement. Edith s'accrochait à son bras. Margaret se leva et s'avança et les regarda. Avec un bond au cœur , elle sentit la crise suggérée par la présence de ces deux personnes. Sa voix tremblait d'inquiétude. «Entrez», dit-elle en se tournant et en ouvrant la voie à la maison.

L'homme et la femme suivirent Margaret. A la porte, McGregor s'arrêta et appela David. "Nous voulons que tu sois ici avec nous", dit-il durement.

Dans le salon, les quatre personnes attendaient. Le grand lustre les éclairait de sa lumière. Sur sa chaise, Edith s'assit et regarda le sol.

"J'ai fait une erreur", a déclaré McGregor. "J'ai continué à faire des erreurs." Il se tourna vers Margaret. « Nous ne comptions sur rien ici. Il y a Edith. Elle n'est pas ce que nous pensions.

Edith n'a rien dit. Le corps fatigué resta sur ses épaules. Elle sentait que si McGregor l'avait amenée à la maison et qu'avec cette femme qu'il aimait sceller leur séparation, elle resterait assise tranquillement jusqu'à ce que ce soit fini, puis continuerait vers la solitude qui, selon elle, devait être sa part.

Pour Margaret, la venue de l'homme et de la femme était un présage du mal. Elle aussi resta silencieuse, s'attendant à un choc. Quand son amant parlait, elle regardait aussi le sol. Elle se disait : « Il va s'en aller et épouser cette autre femme. Je dois être prêt à l'entendre dire cela. David se tenait sur le seuil. « Il va me rendre Margaret », pensa-t-il, et son cœur dansait de bonheur.

McGregor traversa la pièce et regarda les deux femmes. Ses yeux bleus étaient froids et remplis d'une intense curiosité pour eux et pour lui-même. Il voulait les tester et se tester lui-même. « Si je suis lucide maintenant , je poursuivrai mon rêve », pensa-t-il, "Si j'échoue en cela, j'échouerai en tout." Se tournant, il saisit la manche du manteau de David et le tira à travers la pièce afin que les deux hommes se tiennent ensemble. Puis il regarda Margaret durement. Tout en lui parlant, il restait debout, la main sur le bras de son père. L'action a attiré l'attention de David et un frisson d'admiration l'a parcouru. «Voici un homme», se dit-il.

"Tu pensais qu'Edith était prête à nous voir nous marier. Eh bien, elle l'était. Elle l'est maintenant et vous voyez ce que cela lui a fait », a déclaré McGregor.

La fille du laboureur commença à parler. Son visage était d'un blanc crayeux. McGregor leva les mains.

« Attendez, dit-il, un homme et une femme ne peuvent pas vivre ensemble pendant des années et se séparer ensuite comme deux hommes amis. Quelque chose entre en eux pour les empêcher. Ils découvrent qu'ils s'aiment. J'ai découvert que même si je te veux, j'aime Edith. Elle m'aime. Regarde la."

Margaret se leva à moitié de sa chaise. McGregor a continué. Dans sa voix se reflétait la dureté qui faisait que les hommes le craignaient et le suivaient. « Oh, nous allons nous marier, Margaret et moi », dit-il ; « Sa beauté m'a conquis. Je suis la beauté. Je veux de beaux enfants. C'est mon droit.

Il se tourna vers Edith et la regarda.

« Toi et moi ne pourrions jamais ressentir le sentiment que Margaret et moi avons ressenti lorsque nous nous sommes regardés dans les yeux. Cela nous faisait mal, chacun voulant l'autre. Vous êtes fait pour endurer. Vous vous remettriez de tout et vous seriez joyeux après un certain temps. Vous le savez, n'est-ce pas ?

Les yeux d'Edith se retrouvèrent au niveau des siens.

" Oui , je sais", dit-elle.

Margaret Ormsby sauta de sa chaise, les yeux embués.

« Arrêtez », cria-t-elle. "Je ne te veux pas. Je ne t'épouserais jamais maintenant. Vous lui appartenez. Vous êtes à Edith.

La voix de McGregor devint douce et calme.

« Oh, je sais, » dit-il ; "Je sais! Je sais! Mais je veux des enfants. Regardez Edith. Pensez-vous qu'elle pourrait me donner des enfants ?

Un changement s'est produit chez Edith Carson. Ses yeux se durcirent et ses épaules se redressèrent.

«C'est à moi de le dire», cria-t-elle en s'élançant en avant et en lui saisissant le bras. «C'est entre moi et Dieu. Si tu as l'intention de m'épouser, viens maintenant et fais-le. Je n'ai pas eu peur de t'abandonner et je n'ai pas peur de mourir en portant des enfants.

Lâchant le bras de McGregor, Edith traversa la pièce en courant et se plaça devant Margaret. « Comment savez-vous que vous êtes plus belle ou que vous pouvez avoir de plus beaux enfants ? » » a-t-elle demandé. « Au fait, qu'entends-tu par beauté ? Je nie ta beauté. Elle se tourna vers McGregor. « Écoutez, s'écria-t-elle, elle ne résiste pas à l'épreuve. »

La fierté envahit la femme qui avait pris vie dans le corps de la petite modiste. Avec des yeux calmes, elle regarda les gens dans la pièce et quand elle regarda à nouveau Margaret, il y avait un défi dans sa voix.

« La beauté doit perdurer », dit-elle rapidement. « Il faut être audacieux. Il lui faudra survivre à de longues années de vie et à de nombreuses défaites.» Un regard dur lui vint aux yeux alors qu'elle défiait la fille de la richesse. "J'ai eu le courage d'être vaincue et j'ai le courage de prendre ce que je veux", a-t-elle déclaré. « As-tu ce courage ? Si vous devez prendre cet homme. Vous le voulez et moi aussi. Prenez son bras et partez avec lui. Faites-le maintenant, ici, sous mes yeux.

Margaret secoua la tête. Son corps tremblait et ses yeux regardaient autour d'eux avec horreur. Elle se tourna vers David Ormsby. « Je ne savais pas que la vie pouvait être ainsi », a-t-elle déclaré. « Pourquoi ne me l'as-tu pas dit ? Elle a raison. J'ai peur."

Une lumière apparut dans les yeux de McGregor et il se retourna rapidement. "Je vois," dit-il en regardant Edith brusquement, "tu as aussi ton but." Se retournant, il regarda David dans les yeux.

« Il y a quelque chose à décider ici. C'est peut-être l'épreuve suprême de la vie d'un homme. On a du mal à garder une pensée à l'esprit, à être impersonnel, à voir que la vie a un but en dehors du sien. Vous avez peut-être mené ce combat. Vous voyez, je le fais maintenant. Je vais emmener Edith et retourner au travail.

A la porte, McGregor s'arrêta et tendit la main à David qui la prit et regarda le grand avocat avec respect.

« Je suis heureux de vous voir partir », dit brièvement le laboureur .

"Je suis content d'y aller", a déclaré McGregor, comprenant qu'il n'y avait que du soulagement et un antagonisme honnête dans la voix et dans l'esprit de David Ormsby.

LIVRE VI

CHAPITRE I

Le mouvement Marching Men n'a jamais été une chose à intellectualiser . Pendant des années, McGregor a essayé de faire démarrer le projet en parlant. Il n'a pas réussi. Le rythme et le swing qui étaient au cœur du mouvement étaient en feu. L'homme a traversé de longues périodes de dépression et a dû avancer. Et puis après la scène avec Margaret et Edith dans la maison Ormsby est venue l'action.

Il y avait un homme nommé Mosby autour duquel l'action tournait pendant un certain temps. Il était barman de Neil Hunt, un personnage notoire de South State Street, et avait autrefois été lieutenant dans l'armée. Mosby était ce qu'on appelle dans la société moderne un coquin. Après West Point et quelques années dans un poste militaire isolé, il commença à boire et un soir, au cours d'une débauche, à moitié fou par l'ennui de sa vie, il tira sur un soldat dans l'épaule. Il a été arrêté et mis sur l' honneur de ne pas s'échapper mais il s'est échappé. Pendant des années, il a parcouru le monde comme un personnage cynique et hagard qui s'enivrait chaque fois que l'argent lui arrivait et qui ferait tout pour briser la monotonie de l'existence.

Mosby était enthousiasmé par l'idée de Marching Men. Il y voyait une occasion d'inquiéter et d'alarmer ses semblables. Il a demandé à un syndicat de barmen et de serveurs auquel il appartenait de tester cette idée et, le matin , ils ont commencé à marcher de long en large dans la bande de parc qui faisait face au lac, au bord du premier quartier. "Gardez la bouche fermée", a ordonné Mosby. « Nous pouvons inquiéter les autorités de cette ville comme le diable si nous travaillons correctement. Quand on vous pose des questions, ne dites rien. Si la police essaie de nous arrêter , nous jurerons que nous le faisons uniquement pour faire de l'exercice.

Le plan de Mosby a fonctionné. Au bout d'une semaine, des foules ont commencé à se rassembler le matin pour regarder les Marching Men et la police a commencé à enquêter. Mosby était ravi. Il abandonna son emploi de barman et recruta une compagnie hétéroclite de jeunes brutaux qu'il incita à pratiquer le pas de marche l'après-midi. Lorsqu'il a été arrêté et traîné devant le tribunal, McGregor a agi comme son avocat et il a été libéré. «Je veux que ces hommes soient exposés au grand jour», a déclaré Mosby, l'air très innocent et naïf. « Vous pouvez constater par vous-même que les serveurs et les barmans pâlissent et ont les épaules courbées au travail et quant à ces jeunes durs, n'est-il pas préférable pour la société de les voir marcher dehors plutôt que de rester sans rien faire dans les bars et de planifier Dieu sait quels méfaits. ?"

Un sourire apparut sur le visage du Premier Quartier. McGregor et Mosby ont organisé une autre compagnie de marcheurs et un jeune homme qui avait été sergent dans une compagnie de soldats réguliers a été incité à aider au forage. Pour les hommes eux-mêmes, tout cela n'était qu'une plaisanterie, un jeu qui attirait le garçon espiègle qui était en eux. Tout le monde était curieux et cela donnait du piquant à la chose. Ils souriaient en marchant de long en large. Pendant un moment, ils ont échangé des quolibets avec les spectateurs, mais McGregor a mis un terme à cela. « Tais-toi », dit-il en se promenant parmi les hommes pendant les périodes de repos. « C'est la meilleure chose à faire. Gardez le silence et occupez-vous de vos affaires et votre marche sera dix fois plus efficace.

Le mouvement Marching Men s'est développé. Un jeune journaliste juif, mi-coquin, mi-poète, a écrit un article effrayant pour l'un des journaux du dimanche annonçant la naissance de la République du Travail . L'histoire était illustrée par un dessin montrant McGregor menant une vaste horde d'hommes à travers une plaine ouverte vers une ville dont les hautes cheminées crachaient des nuages de fumée. À côté de McGregor sur la photo et vêtu d'un uniforme voyant se trouvait Mosby, l'ancien officier de l'armée. Dans l'article, il était qualifié de seigneur de guerre de « la république secrète grandissant au sein d'un grand empire capitaliste ».

Il avait commencé à prendre forme : le mouvement des Marching Men. Des rumeurs ont commencé à courir ici et là. Il y avait une question dans les yeux des hommes. Au début, lentement, cela commença à résonner dans leurs esprits. Il y avait un bruit de pieds claquant brusquement sur les trottoirs. Des groupes se formaient, les hommes riaient, les groupes disparaissaient pour réapparaître. Au soleil, devant les portes des usines, des hommes parlaient, à moitié compréhensifs, commençant à sentir qu'il y avait quelque chose de grand dans le vent.

Au début, le mouvement n'a abouti à rien dans les rangs des travailleurs . Il y aurait une réunion, peut-être une série de réunions dans l'une des petites salles où les ouvriers se rassemblent pour s'occuper des affaires de leurs syndicats. McGregor parlerait. Sa voix dure et autoritaire pouvait être entendue dans les rues en contrebas. Les commerçants sortaient des magasins et se tenaient sur le seuil pour écouter. Les jeunes gens qui fumaient des cigarettes ne regardaient plus les filles qui passaient et se rassemblaient en foule sous les fenêtres ouvertes. Le cerveau lent du travail était éveillé.

Après un certain temps , quelques jeunes hommes, des gars qui travaillaient aux scies dans une usine de boîtes et d'autres qui faisaient fonctionner des machines dans une usine où l'on fabriquait des bicyclettes, se portèrent volontaires pour suivre l'exemple des hommes du premier quartier. Les soirs d'été, ils se rassemblaient sur des terrains vagues et marchaient d'avant en arrière en regardant leurs pieds et en riant.

McGregor a insisté sur la formation. Il n'a jamais eu l'intention de laisser son mouvement Marching Men devenir simplement une bande désorganisée de marcheurs comme nous en avons tous vu lors de nombreux défilés ouvriers . Il voulait dire qu'ils devraient apprendre à marcher en rythme, en se balançant comme des vétérans. Il était déterminé à ce que le battement des pieds vienne enfin chanter une grande chanson, portant le message d'une puissante fraternité dans le cœur et le cerveau des marcheurs.

McGregor a consacré tout son temps au mouvement. Il gagnait peu sa vie de l'exercice de sa profession mais n'y prêtait aucune attention. L'affaire du meurtre lui avait amené d'autres affaires et il avait pris un associé, un petit homme aux yeux de furet qui préparait les détails des affaires soumises au cabinet et encaissait les honoraires, dont il remettait la moitié à l'associé qui avait l'intention de le faire. autre chose. Jour après jour, semaine après semaine, mois après mois, McGregor parcourait la ville, discutant avec les travailleurs, apprenant à parler, s'efforçant de faire comprendre son idée.

Un soir de septembre, il se tenait à l'ombre du mur d'une usine et observait un groupe d'hommes qui manifestaient sur un terrain vague. Le mouvement était alors devenu très important. Une flamme brûlait dans son cœur à la pensée de ce que cela pourrait devenir. Il faisait sombre et les nuages de poussière soulevés par les pieds des hommes balayaient la face du soleil qui s'éloignait. Sur le terrain devant lui marchaient quelque deux cents hommes, la plus grande compagnie qu'il ait pu réunir. Depuis une semaine, ils restaient soir après soir à la marche et commençaient un peu à en comprendre l'esprit. Leur chef sur le terrain, un grand homme aux épaules carrées, avait été capitaine dans la milice d'État et travaillait maintenant comme ingénieur dans une usine de fabrication de savon. Ses ordres résonnaient de manière nette et nette dans l'air du soir. « Quatre en ligne, » cria-t-il. Les mots furent aboyés. Les hommes redressèrent les épaules et sortirent vigoureusement. Ils avaient commencé à apprécier la marche.

Dans l'ombre du mur de l'usine, McGregor se déplaçait avec inquiétude. Il sentait que c'était le début, la véritable naissance de son mouvement, que ces hommes étaient vraiment sortis des rangs du travail et que dans la poitrine des manifestants, là, dans l'espace ouvert, la compréhension grandissait.

Il marmonnait et marchait d'avant en arrière. Un jeune homme, reporter d'un des grands quotidiens de la ville, sauta d'un tramway qui passait et vint se placer à côté de lui. « Qu'est-ce qui se passe ici ? Que se passe-t-il ? De quoi s'agit-il? Tu ferais mieux de me le dire » , dit-il.

Dans la pénombre, McGregor leva les poings au-dessus de sa tête et parla à voix haute. «Cela s'insinue parmi eux», dit-il. « Ce qui ne peut pas être mis en mots, c'est de s'exprimer. Quelque chose est fait ici dans ce domaine. Une nouvelle force arrive dans le monde.

À moitié hors de lui, McGregor courait de long en large en balançant ses bras. Se tournant de nouveau vers le journaliste qui se tenait près du mur d'une usine – un personnage plutôt élégant avec une petite moustache – il cria :

"Tu ne vois pas?" il pleure. Sa voix était dure. « Voyez comme ils marchent ! Ils découvrent ce que je veux dire. Ils en ont saisi l'esprit !

McGregor commença à expliquer. Il parlait précipitamment, ses mots s'articulant en phrases courtes et entrecoupées. « Depuis des lustres, on parle de fraternité. Les hommes ont toujours bavardé sur la fraternité. Les mots n'ont rien signifié. Les mots et les discussions n'ont fait qu'engendrer une race lâche. Les mâchoires des hommes vacillent mais les jambes de ces hommes ne vacillent pas.

Il marcha de nouveau de long en large, entraînant l'homme à moitié effrayé le long de l'ombre grandissante du mur de l'usine.

« Vous voyez, cela commence – maintenant, dans ce domaine, cela commence. Les jambes et les pieds des hommes, des centaines de jambes et de pieds font une sorte de musique. Actuellement, il y en aura des milliers, voire des centaines de milliers. Pendant un certain temps, les hommes cesseront d'être des individus. Ils deviendront une masse, une masse mouvante et toute-puissante. Ils ne mettront pas de mots sur leurs pensées, mais néanmoins une pensée grandira en eux. Ils commenceront soudain à réaliser qu'ils font partie de quelque chose de vaste et de puissant, une chose qui bouge, qui cherche une nouvelle expression. On leur a parlé de la puissance du travail , mais maintenant, voyez-vous, ils deviendront la puissance du travail .

Emporté par ses propres mots et peut-être par quelque chose de rythmé dans la masse en mouvement des hommes, McGregor devint fiévreusement impatient que le jeune homme pimpant comprenne. « Vous souvenez-vous, quand vous étiez enfant, d'un homme qui avait été soldat vous disant que les hommes qui marchaient devaient briser le pas et traverser un pont en foule désordonnée parce que leur démarche ordonnée aurait fait trembler le pont en morceaux ? »

Un frisson parcourut le corps du jeune homme. Dans ses heures libres, il écrivait des pièces de théâtre et des histoires et son sens dramatique exercé comprenait rapidement la portée des mots de McGregor. Dans son esprit lui vint une scène dans la rue d'un village de chez lui dans l'Ohio. En imagination, il voyait défiler le corps des fifres et des tambours du village. Son esprit se rappelait le swing et la cadence de la mélodie et encore une fois, comme lorsqu'il était un garçon, ses jambes lui faisaient mal de courir parmi les hommes et de s'en aller.

Rempli d'enthousiasme, il commença également à parler. «Je vois», s'écriat-il; "Tu penses qu'il y a une pensée là-dedans, une grande pensée que les hommes n'ont pas comprise ?"

Sur le terrain, les hommes, devenant plus audacieux à mesure qu'ils devenaient moins gênés, arrivaient en courant, leurs corps s'élançant dans une longue foulée.

Le jeune homme réfléchit. "Je vois. Je vois. Tous ceux qui regardaient comme moi le passage du corps des fifres et des tambours ont ressenti ce que j'ai ressenti. Ils se cachaient derrière un masque. Leurs jambes picotaient également et le même battement militant sauvage continuait dans leurs cœurs. Vous l'avez découvert, hein ? Voulez-vous diriger le travail de cette façon ?

La bouche ouverte, le jeune homme regardait le champ et la masse mouvante des hommes. Il est devenu oratoire dans ses pensées. «Voici un grand homme», marmonna-t-il. « Voici un Napoléon, un César du travail venu à Chicago. Il n'est pas comme les petits leaders. Son esprit n'est pas malade à cause de la pâleur de la pensée. Il ne pense pas que les grandes impulsions naturelles des hommes soient stupides et absurdes. Il a mis la main sur quelque chose qui fonctionnera. Le monde ferait mieux de surveiller cet homme.

A moitié hors de lui, il se promenait de long en large au bord du champ, le corps tremblant.

Des rangs des hommes en marche sortit un ouvrier. Sur le terrain, des mots surgissaient. Une qualité irritable pénétrait dans la voix du capitaine qui donnait les ordres. Le journaliste écoutait avec inquiétude. « C'est ça qui va tout gâcher. Les hommes vont commencer à se décourager et à abandonner », pensa-t-il en se penchant en avant et en attendant.

« J'ai travaillé toute la journée et je ne peux pas marcher ici toute la nuit », se plaignit la voix de l'ouvrier.

Une ombre passa devant l'épaule du jeune homme. Devant ses yeux sur le terrain, devant les rangs d'hommes en attente, se tenait McGregor. Son poing jaillit et l'ouvrier plaintif s'effondra au sol.

"L'heure n'est pas aux mots", dit la voix dure. « Retourne là-dedans. Ce n'est pas un jeu. C'est le début de la prise de conscience par les hommes d'eux-mêmes. Entrez et ne dites rien. Si vous ne pouvez pas marcher avec nous, sortez. Le mouvement que nous avons lancé ne peut prêter aucune attention aux pleurnicheurs.

Dans les rangs des hommes, des acclamations s'élevèrent. Près du mur de l'usine, le journaliste excité dansait de haut en bas. Sur un mot d'ordre du capitaine, la ligne des hommes en marche balaya de nouveau le champ de bataille et il les regarda les larmes aux yeux. «Ça va marcher», crie-t-il. «Cela fonctionnera forcément. Enfin , un homme est venu diriger les ouvriers.

CHAPITRE II

John Van Moore, un jeune publicitaire de Chicago, s'est rendu un après-midi dans les bureaux de la Wheelright Bicycle Company. L'entreprise avait son usine et ses bureaux loin du côté ouest. L'usine était une immense bâtisse en briques bordée d'un large trottoir en ciment et d'une étroite pelouse verte parsemée de parterres de fleurs. Le bâtiment à usage de bureaux était plus petit et possédait une véranda donnant sur la rue. Sur les côtés de l'immeuble de bureaux, des vignes poussaient.

Tout comme le journaliste qui avait observé les Marching Men sur le terrain près du mur de l'usine, John Van Moore était un jeune homme élégant avec une moustache. Pendant ses heures de loisirs, il jouait de la clarinette. "Cela donne à un homme quelque chose à quoi s'accrocher", a-t-il expliqué à ses amis. « On voit la vie passer et on sent qu'on n'est pas un simple rondin flottant dans le courant des choses. Même si en tant que musicien je ne vaux rien, cela me fait au moins rêver.

Parmi les hommes du bureau de publicité où il travaillait, Van Moore était connu comme un imbécile, racheté par sa capacité à enchaîner les mots. Il portait une lourde chaîne de montre tressée noire et une canne. Il avait une femme qui, après son mariage, avait étudié la médecine et avec laquelle il ne vivait pas. Parfois, un samedi soir, les deux hommes se rencontraient dans un restaurant et restaient assis pendant des heures à boire et à rire. Lorsque la femme fut partie chez elle, le publicitaire continua à s'amuser, allant de salon en salon et faisant de longs discours exposant sa philosophie de vie. « Je suis un individualiste », a-t-il déclaré en se pavanant et en balançant sa canne. « Je suis un amateur, un expérimentateur si vous voulez. Avant de mourir, je rêve de découvrir une nouvelle qualité dans l'existence.

Pour l'entreprise de vélos, le publicitaire devait écrire un livret racontant sous une forme romantique et lisible l'histoire de l'entreprise. Une fois terminé, le livret serait envoyé à ceux qui avaient répondu aux annonces publiées dans les magazines et les journaux. L'entreprise avait un processus de fabrication propre aux vélos Wheelright et cela devait être beaucoup souligné dans le livret .

Le processus de fabrication dont John Van Moore allait parler avec éloquence avait été conçu dans le cerveau d'un ouvrier et était responsable du succès de l'entreprise. Maintenant, l'ouvrier était mort et le président de l'entreprise avait décidé de s'attribuer le mérite de l'idée. Il avait longuement réfléchi à la question et avait décidé qu'en réalité, cette idée devait être plus que la sienne. « Il devait en être ainsi, se dit-il, sinon cela n'aurait pas si bien fonctionné. »

Dans les bureaux de l'entreprise de bicyclettes, le président, un homme gris et grossier aux yeux minuscules, arpentait une longue pièce recouverte de moquette. En réponse aux questions posées par le publicitaire, assis à une table avec un bloc de papier devant lui, il se dressa sur la pointe des pieds, passa le pouce dans l'emmanchure de sa veste et raconta une longue histoire décousue dont il était le héros.

L'histoire concernait un jeune ouvrier purement imaginaire qui avait passé toutes les premières années de sa vie à travailler terriblement. Le soir, il courait vite hors du magasin où il était employé et, sans dormir, il travaillait de longues heures dans une petite mansarde. Lorsque l'ouvrier eut découvert le secret qui faisait le succès du vélo Wheelright , il ouvrit un magasin et commença à récolter les fruits de ses efforts.

"C'était moi. J'étais ce type-là», s'écria le gros homme qui, en réalité, avait acheté sa participation dans l'entreprise de vélos après l'âge de quarante ans. Se tapotant la poitrine, il s'arrêta comme s'il était submergé par une émotion. Les larmes lui montèrent aux yeux. Le jeune ouvrier était devenu pour lui une réalité. « Toute la journée, j'ai couru dans la petite boutique en criant : « Qualité ! Qualité!' Je fais ça maintenant. C'est un fétiche chez moi. Je ne fabrique pas de vélos pour l'argent mais parce que je suis un ouvrier fier de mon travail. Vous pouvez mettre cela dans le livre. Vous pouvez me citer en disant cela. Il convient de souligner ma fierté dans mon travail. Le publicitaire hocha la tête et griffonna sur le bloc de papier. Il aurait presque pu écrire cette histoire sans la visite de l'usine. Quand le gros homme ne regardait pas , il tournait la tête de côté et écoutait attentivement. De tout son cœur, il souhaitait que le président s'en aille et le laisse errer seul dans l'usine.

La veille au soir, John Van Moore avait participé à une aventure. Avec un compagnon, un type qui dessinait des caricatures pour les quotidiens, il était entré dans un saloon et y avait rencontré un autre homme de journaux.

Dans le salon, les trois hommes étaient restés assis jusque tard dans la nuit, à boire et à discuter. Le deuxième journaliste – ce même type élégant qui avait observé les manifestants près du mur de l'usine – avait raconté à maintes reprises l'histoire de McGregor et de ses manifestants. «Je vous le dis, il y a quelque chose qui grandit ici», avait-il dit. «J'ai vu ce McGregor et je sais. Vous pouvez me croire ou non, mais le fait est qu'il a découvert quelque chose. Il y a un élément chez les hommes qui n'a pas été compris jusqu'à présent – il y a une pensée cachée au sein du travail , une grande pensée inexprimée – elle fait partie du corps des hommes ainsi que de leur esprit. Supposons que cet homme ait compris cela et comprenne, hein ! »

Devenant de plus en plus excité à mesure qu'il continuait à boire, l'homme du journal était à moitié fou dans ses conjectures sur ce qui allait se passer dans le monde. Frappant du poing sur une table mouillée de bière, il s'était adressé à l'auteur d'annonces. « Il y a des choses que les animaux savent et que les hommes ne comprennent pas », s'écrie-t-il. « Pensez aux abeilles. Avez-vous pensé que l'homme n'a pas essayé d'élaborer une intellect collectif ? Pourquoi l'homme ne devrait-il pas essayer de résoudre ce problème ?

La voix du journaliste devint basse et tendue. "Quand vous entrez dans une usine , je veux que vous gardiez les yeux et les oreilles ouverts", a-t-il déclaré. « Entrez dans une des grandes salles où beaucoup d'hommes travaillent. Restez parfaitement immobile. N'essayez pas de réfléchir. Attendez."

Sautant de son siège, l'homme excité avait marché de long en large devant ses compagnons. Un groupe d'hommes debout devant le bar écoutait, leurs verres à moitié portés aux lèvres.

« Je vous le dis, il y a déjà une chanson de travail . Elle n'a pas été exprimée ni comprise, mais elle est présente dans tous les ateliers, dans tous les domaines où travaillent les hommes. D'une manière vague, les hommes qui travaillent sont conscients de la chanson, même si si vous en parlez, ils ne font que rire. La chanson a une rythmique basse et dure. Je vous le dis, cela vient de l'âme même du travail . Cela s'apparente à ce que les artistes comprennent et que l'on appelle la forme. Ce McGregor en comprend quelque chose. Il est le premier dirigeant syndical qui a compris. Le monde entendra parler de lui. Un de ces jours, le monde sonnera à son nom.

Dans l'usine de bicyclettes, John Van Moore regarda le bloc de papier devant lui et pensa aux paroles de l'homme à moitié ivre dans le saloon. Dans le grand magasin derrière lui, on entendait le rugissement constant de nombreuses machines. Le gros homme, hypnotisé par ses propres mots, continuait à se promener de long en large en racontant les épreuves auxquelles le jeune ouvrier imaginaire avait été confronté et au-dessus desquelles il s'était élevé triomphalement. « Nous entendons beaucoup parler du pouvoir du travail , mais une erreur a été commise », a-t-il déclaré. « Des hommes comme moi, nous sommes le pouvoir. Voyez-vous que nous sommes sortis de la messe ? Nous nous tenons debout.

S'arrêtant devant le publicitaire et baissant les yeux, le gros homme fit un clin d'œil. « Vous n'avez pas besoin de dire cela dans le livre. Il n'est pas nécessaire de me citer ici. Nos vélos sont achetés par des ouvriers et il serait insensé de les offenser mais ce que je dis est néanmoins vrai. Des hommes comme moi, avec nos cerveaux rusés et notre patience, ne construisent-ils pas ces grandes organisations modernes ?

Le gros homme désignait du bras les magasins d'où sortait le vrombissement des machines. Le publicitaire hocha distraitement la tête. Il essayait d'entendre le chant du travail dont parlait l'homme ivre. Il était temps de quitter l'usine et de nombreux pas se déplaçaient sur le sol de l'usine. Le rugissement des machines s'arrêta.

De nouveau, le gros homme se promenait de long en large, parlant de la carrière de l' ouvrier issu des rangs du travail . Depuis l'usine, les hommes ont commencé à sortir en file indienne. Il y avait un bruit de pas qui se bousculaient le long du large trottoir en ciment, devant les parterres de fleurs.

Tout d'un coup, le gros homme s'arrêta. Le publicitaire était assis avec un crayon suspendu au-dessus du papier. De la promenade en contrebas, des ordres aigus retentissaient. De nouveau, le bruit des hommes qui se déplaçaient entra par les fenêtres.

Le président de l'entreprise de bicyclettes et le publicitaire ont couru vers la fenêtre. Là, sur le trottoir de ciment, se tenaient les hommes de la compagnie formés en colonnes de quatre et séparés en compagnies. A la tête de chaque compagnie se tenait un capitaine. Les capitaines faisaient pivoter les hommes. "Avant! Mars!" ils ont crié.

Le gros homme se tenait la bouche ouverte et regardait les hommes. « Que se passe-t-il là-bas ? Que veux-tu dire? Arrêtez ça ! il a braillé.

Un rire moqueur flotta par la fenêtre.

"Attention! En avant, guidez à droite ! cria un capitaine.

Les hommes se déplaçaient sur le large trottoir en ciment, passant devant la fenêtre et le publicitaire. Leurs visages avaient quelque chose de déterminé et de sinistre. Un sourire maladif apparut sur le visage de l'homme aux cheveux gris puis s'effaça. Le publicitaire, sans savoir exactement ce qui se passait, avait l'impression que l'homme plus âgé avait peur. Il sentit la terreur sur son visage. Dans son cœur, il était heureux de le voir.

Le fabricant a commencé à parler avec enthousiasme. "Maintenant, qu'est-ce que c'est?" il a ordonné. "Que se passe-t-il? Sur quel genre de volcan nous, hommes d'affaires, marchons-nous ? N'avons-nous pas eu assez de problèmes avec le travail ? Que font-ils maintenant?" De nouveau, il marcha de long en large devant la table où le publicitaire était assis et le regardait. « Nous allons laisser tomber le livre », a-t-il déclaré. "Viens demain. Venez à tout moment. Je veux examiner cela. Je veux savoir ce qui se passe.

En quittant le bureau de l'entreprise de vélos, John Van Moore a longé la rue en courant, passant devant des magasins et des maisons. Il n'essaya pas de suivre les Marching Men mais courut aveuglément, rempli d'excitation. Il se souvenait des paroles du journaliste à propos du chant du travail et était ivre à l'idée d'en avoir pris le rythme. Cent fois, il avait vu des hommes sortir en masse des portes des usines à la fin de la journée. Avant, ils n'étaient qu'une masse d'individus. Chacun avait pensé à ses propres affaires et chaque homme s'était traîné dans sa propre rue et s'était perdu dans les ruelles sombres entre les grands immeubles crasseux. Maintenant, tout cela a changé. Les hommes ne sont pas partis seuls mais ont marché le long de la rue épaule contre épaule.

Une boule est également entrée dans la gorge de cet homme et lui, comme cet autre près du mur de l'usine, a commencé à dire des mots. « Le chant du travail est là. Il a commencé à se faire chanter ! il pleure.

John Van Moore était hors de lui. Le visage du gros homme pâle de terreur lui revint à l'esprit. Sur le trottoir devant une épicerie, il s'est arrêté et a crié de joie. Puis il se mit à danser follement, surprenant un groupe d'enfants qui, les doigts dans la bouche, se tenaient debout, les yeux fixés.

CHAPITRE III

Tout au long des premiers mois de cette année-là, à Chicago, des rumeurs sur un mouvement nouveau et incompréhensible parmi les ouvriers coururent parmi les hommes d'affaires. D'une certaine manière, les ouvriers comprenaient le courant de terreur sous-jacent que leur marche ensemble avait inspiré et, comme le publicitaire qui dansait sur le trottoir devant l'épicerie, en étaient rendus heureux. Une sombre satisfaction habitait leurs cœurs. Se souvenant de leur enfance et de la terreur rampante qui envahissait les maisons de leurs pères en période de dépression, ils étaient heureux de semer la terreur parmi les foyers des riches et des aisés. Depuis des années, ils vivaient aveuglément, s'efforçant d'oublier l'âge et la pauvreté. Ils sentaient désormais que la vie avait un but, qu'ils marchaient vers une fin. Quand, dans le passé, on leur avait dit que le pouvoir les habitait, ils n'y avaient pas cru. « On ne peut pas lui faire confiance », pensa l'homme à la machine en regardant l'homme travaillant sur la machine suivante. "Je l'ai entendu parler et au fond, c'est un imbécile."

Désormais, l'homme à la machine ne pensait plus à son frère à la machine suivante. Dans ses rêves nocturnes, il commençait à avoir une nouvelle vision. Le pouvoir avait insufflé son message dans son cerveau. Tout d'un coup, il se vit comme faisant partie d'un géant marchant dans le monde. «Je suis comme une goutte de sang qui coule dans les veines du travail », se murmura-t-il. « À ma manière, j'ajoute de la force au cœur et au cerveau du travail . Je fais désormais partie de cette chose qui a commencé à bouger. Je ne parlerai pas mais j'attendrai. Si cette marche est la chose , alors je marcherai. Même si je suis fatigué à la fin de la journée, cela ne m'arrêtera pas. Plusieurs fois , j'ai été fatigué et j'étais seul. Maintenant, je fais partie de quelque chose de vaste. Je le sais, c'est qu'une conscience de pouvoir s'est glissée dans mon cerveau et, même si je suis persécuté , je ne renoncerai pas à ce que j'ai gagné.

Dans les bureaux du trust des charrues, une réunion des hommes d'affaires fut convoquée. Le but de la réunion était de discuter du mouvement en cours parmi les travailleurs. Aux travaux de charrue, il avait éclaté. Le soir, les hommes ne se déplaçaient plus comme une foule désordonnée, mais marchaient par compagnies le long de la rue pavée de briques qui longeait la porte de l'usine.

Lors de la réunion, David Ormsby s'était montré, comme toujours, calme et maître de lui. Un halo de bienveillance l'enveloppait et lorsqu'un banquier, l'un des directeurs de la société, avait terminé son discours, il se levait et marchait de long en large, les mains enfoncées dans les poches de son pantalon. Le banquier était un gros homme aux cheveux bruns fins et aux mains délicates. Tout en parlant, il tenait une paire de gants jaunes et frappait avec eux sur une longue table au centre de la pièce. Le doux bruit des gants sur la table faisait écho aux choses qu'il avait à dire. David lui fit signe de s'asseoir. "J'irai moi-même voir ce McGregor", dit-il en traversant la pièce et en passant un bras autour de l'épaule du banquier. « Peut-être y a-t-il ici, comme vous le dites, un nouveau et terrible danger, mais je ne le pense pas. Depuis des milliers, voire des millions d'années, le monde continue son chemin et je ne pense pas qu'il doive s'arrêter maintenant.

"Cela a été ma chance de voir et de connaître ce McGregor", a ajouté David en souriant aux autres personnes présentes dans la pièce. "C'est un homme et non un Josué pour arrêter le soleil."

Dans le bureau de Van Buren Street, David, le gris et confiant, se tenait devant le bureau où était assis McGregor. « Nous sortirons d'ici si cela ne vous dérange pas », a-t-il déclaré. «Je veux te parler et je n'aimerais pas être interrompu. J'ai envie que nous parlions dehors.

Les deux hommes se rendirent en tramway à Jackson Park et, oubliant de dîner, marchèrent pendant une heure dans les sentiers sous les arbres. Le vent du lac avait refroidi l'air et le parc était désert.

Ils allèrent se placer sur une jetée qui se jetait dans le lac. Sur le quai, David essaya d'entamer la conversation qui était l'objet de leur présence ensemble, mais il sentit que le vent et l'eau qui frappaient les pilotis du quai rendaient la conversation trop difficile. Même s'il ne pouvait pas dire pourquoi, il était soulagé par la nécessité de retarder. Ils retournèrent dans le parc et trouvèrent un siège sur un banc face à un lagon.

En présence du silencieux McGregor, David se sentit soudain embarrassé et mal à l'aise. « De quel droit puis-je l'interroger ? se demanda-t-il et, dans son esprit, ne trouvait aucune réponse. Une demi-douzaine de fois, il commença à dire ce qu'il était venu dire, mais s'arrêta et son discours se transforma en banalités. « Il y a des hommes dans le monde que vous n'avez pas pris en considération », dit-il finalement en se forçant à commencer. Il continua en riant, soulagé que le silence ait été rompu. "Vous voyez que le secret même des hommes forts a été manqué par vous et par d'autres."

David Ormsby regarda McGregor avec insistance. « Je ne crois pas que vous croyez que nous recherchons l'argent, nous les hommes d'affaires. J'espère que vous voyez au-delà de cela. Nous avons notre objectif et nous le respectons avec calme et obstination.

à nouveau la silhouette silencieuse assise dans la pénombre et à nouveau son esprit s'épuisa, s'efforçant de pénétrer le silence. « Je ne suis pas idiot et je sais peut-être que le mouvement que vous avez lancé parmi les travailleurs est quelque chose de nouveau. Il y a du pouvoir là-dedans, comme dans toutes les grandes idées. Peut-être que je pense qu'il y a du pouvoir en toi. Sinon, pourquoi devrais-je être ici ?

à nouveau , incertain. "D'une certaine manière, je sympathise avec vous", a-t-il déclaré. « Même si tout au long de ma vie j'ai servi l'argent, il ne m'appartient pas . Vous ne devez pas supposer que des hommes comme moi n'ont pas en tête autre chose que l'argent.

Le vieux fabricant de charrue regarda par-dessus l'épaule de McGregor, vers l'endroit où les feuilles des arbres tremblaient sous le vent du lac. « Il y a eu des hommes et de grands dirigeants qui ont compris les serviteurs silencieux et compétents de la richesse », dit-il à moitié irritable. «Je veux que vous compreniez ces hommes. J'aimerais vous voir le devenir vous-même, non pas pour la richesse que cela apporterait, mais parce qu'en fin de compte vous serviriez ainsi tous les hommes. Vous arriveriez ainsi à la vérité. Le pouvoir qui est en vous serait conservé et utilisé plus intelligemment.

« Certes, l'histoire n'a pas ou peu tenu compte des hommes dont je parle. Ils ont traversé la vie inaperçus, accomplissant tranquillement un excellent travail.

Le fabricant de charrue fit une pause. Bien que McGregor n'ait rien dit, l'homme plus âgé a estimé que l'entretien ne se déroulait pas comme il le devrait. « Je voudrais savoir ce que vous avez en tête, ce que vous espérez finalement gagner pour vous-même ou pour ces hommes », dit-il un peu sèchement. « Après tout, cela ne sert à rien de tourner autour du pot. »

McGregor n'a rien dit. Se levant du banc, il se remit à marcher le long du sentier avec Ormsby à ses côtés.

« Les hommes vraiment forts du monde n'ont pas eu leur place dans l'histoire », déclara amèrement Ormsby. « Ils n'ont pas demandé cela. Ils étaient à Rome et en Allemagne au temps de Martin Luther mais on ne dit rien d'eux. Même si le silence de l'histoire ne les dérange pas, ils aimeraient que d'autres hommes forts le comprennent. La marche du monde est plus grande que la poussière soulevée par les talons de quelques ouvriers marchant dans les rues, et ces hommes sont responsables de la marche du monde. Vous faites une erreur. Je vous invite à devenir l'un des nôtres. Si vous envisagez de bouleverser les choses, vous risquez de vous retrouver dans l'Histoire, mais vous ne compterez pas vraiment. Ce que vous essayez de faire ne fonctionnera pas. Vous connaîtrez une mauvaise fin.

Lorsque les deux hommes sortirent du parc, l'homme plus âgé eut à nouveau le sentiment que l'entretien n'avait pas été un succès. Il était désolé. La soirée qu'il ressentait avait marqué pour lui un échec et il n'était pas habitué aux échecs. « Il y a ici un mur que je ne peux pas franchir », pensa-t-il.

Ils marchèrent en silence le long du parc, sous un bosquet d'arbres. McGregor ne semblait pas avoir entendu les paroles qui lui étaient adressées. Lorsqu'ils arrivèrent à l'endroit où une longue rangée de terrains vagues faisait face au parc, il s'arrêta et s'appuya contre un arbre pour regarder au loin dans le parc, perdu dans ses pensées.

David Ormsby est également devenu silencieux. Il pensait à sa jeunesse dans la petite usine de charrues du village, à ses efforts pour réussir dans le monde, aux longues soirées passées à lire des livres et à essayer de comprendre les mouvements des hommes.

"Y a-t-il un élément dans la nature et dans la jeunesse que l'on ne comprend pas ou que l'on perd de vue ?" Il a demandé. « Les efforts des travailleurs patients du monde entier sont-ils toujours vains ? Une nouvelle phase de la vie peut-elle survenir soudainement et bouleverser tous nos plans ? Pensez-vous, pouvez-vous, considérer les hommes comme moi comme une partie d'un vaste tout ? Nous refusez-vous l'individualité, le droit de nous démarquer, le droit d'arranger les choses et de contrôler ?

Le laboureur regarda l'énorme silhouette debout à côté de l'arbre. De nouveau, irrité, il allumait des cigares qu'il jetait après deux ou trois bouffées. Dans les buissons, au fond du banc, des insectes se mirent à chanter. Le vent qui soufflait maintenant en douces rafales balançait lentement les branches des arbres au-dessus de nous.

« Existe-t-il une jeunesse éternelle dans le monde, un état dont les hommes sortent sans le savoir, une jeunesse qui détruit à jamais, démolissant ce qui a été construit ? Il a demandé. « La vie adulte des hommes forts compte-t-elle si peu ? Avez-vous, comme les champs vides qui se dorent au soleil en été, le droit de garder le silence en présence d'hommes qui ont eu des pensées et ont essayé de mettre leurs pensées en actes ?

Toujours sans rien dire, McGregor désigna du doigt la route qui faisait face au parc. D'une rue latérale, un corps d'hommes tourna au coin de la rue et se dirigea vers eux à grands pas. Alors qu'ils passaient sous un réverbère qui se balançait doucement au gré du vent, leurs visages qui brillaient dans la lumière semblaient se moquer de David Ormsby. Pendant un instant, la colère le brûla, puis quelque chose, peut-être le rythme de la masse en mouvement, lui apporta une humeur plus douce. Les hommes qui passaient par là tournèrent à un autre coin et disparurent sous la structure d'une voie ferrée surélevée.

Le laboureur s'éloigna de McGregor. Quelque chose dans l'entretien, se terminant ainsi par la présence des personnages en marche, l'avait senti sans pilote. « Après tout, il y a la jeunesse et l'espoir de la jeunesse. Ce qu'il a en tête pourrait fonctionner », pensa-t-il en montant à bord d'un tramway.

Dans la voiture, David passa la tête par la fenêtre et regarda la longue file d'immeubles d'habitation qui bordaient les rues. Il repensa à sa propre jeunesse et aux soirées dans le village du Wisconsin où, lui-même jeune, il allait avec d'autres jeunes hommes chanter et marcher au clair de lune.

Dans un terrain vague, il aperçut de nouveau un corps de Marching Men se déplaçant d'avant en arrière et répondant rapidement aux ordres donnés par un jeune homme svelte qui se tenait sur le trottoir sous un réverbère et tenait un bâton à la main.

Dans la voiture, l'homme d'affaires aux cheveux gris posa la tête sur le dossier du siège devant. À moitié inconscient de ses propres pensées, son esprit commença à s'attarder sur la silhouette de sa fille. « Si j'avais été Margaret, je n'aurais pas dû le laisser partir. Quel qu'en soit le prix, j'aurais dû m'accrocher à cet homme », marmonna-t-il.

CHAPITRE IV

Il est difficile de ne pas être partagé quant à la manifestation appelée aujourd'hui, et peut-être à juste titre, « La folie des hommes en marche ». Dans une certaine humeur, cela revient à l'esprit comme quelque chose d'indiciblement grand et inspirant. Nous parcourons chacun de nous le tapis roulant de nos vies, capturés et enfermés comme de petits animaux dans une vaste ménagerie. Tour à tour, nous aimons, nous marions, élevons des enfants, vivons nos moments de passion aveugle et futile et puis quelque chose se passe. Inconsciemment, un changement s'installe en nous. La jeunesse passe. Nous devenons astucieux, prudents, submergés par les petites choses. La vie, l'art, les grandes passions, les rêves, tout cela passe . Sous le ciel nocturne, le banlieusard se tient au clair de lune. Il bine ses radis et s'inquiète car le linge a arraché un de ses cols blancs. Le chemin de fer doit mettre en place un train supplémentaire le matin. Il se souvient de ce fait entendu au magasin. Pour lui la nuit devient plus belle. Il peut rester dix minutes de plus avec les radis chaque matin. Il y a une grande partie de la vie de l'homme dans la figure du banlieusard absorbé dans ses propres pensées au milieu de ses radis.

Et ainsi de suite, nous nous occupons des affaires de notre vie et puis, tout à coup, revient le sentiment qui s'est glissé en nous tous au cours de l'année des Marching Men. En un instant, nous faisons à nouveau partie de la masse en mouvement. La vieille exaltation religieuse, étrange émanation de l'homme McGregor, revient. En imagination, nous sentons la terre trembler sous les pieds des hommes, des marcheurs. Avec un effort conscient de l' esprit , nous nous efforçons de saisir les processus de l'esprit du leader au cours de cette année où les hommes ont compris ce qu'il voulait dire, quand ils ont vu comme lui les ouvriers, les ont vu rassemblés et se déplaçant à travers le monde.

Mon propre esprit, s'efforçant faiblement de suivre cet esprit plus grand et plus simple, tâtonne. Je me souviens très bien des paroles d'un écrivain qui disait que les hommes créent leurs propres dieux et je me rends compte que j'ai moi-même assisté à la naissance d'un tel dieu. Car il était alors presque un dieu – notre McGregor. Ce qu'il a fait résonne encore dans l'esprit des hommes. Sa longue ombre traversera les pensées des hommes pendant des siècles. L' effort tentant de comprendre sa signification nous tentera toujours dans des spéculations sans fin.

La semaine dernière encore, j'ai rencontré un homme – il était steward dans un club et il s'attardait à me parler près d'un étui à cigares dans une salle de billard vide – qui s'est brusquement détourné pour me cacher deux grosses larmes qui lui étaient montées aux yeux à cause de une sorte de tendresse dans ma voix à l'évocation des Marching Men.

Une autre ambiance arrive. C'est peut-être la bonne humeur. Je vois des moineaux sauter sur une route ordinaire alors que je me dirige vers mon bureau. Des érables, les petites graines ailées voltigent devant mes yeux. Un garçon passe devant , assis dans un chariot d'épicerie et conduisant un cheval plutôt osseux. En marchant, je croise deux ouvriers qui traînent les pieds. Ils me rappellent ces autres ouvriers et je me dis qu'ainsi les hommes se sont toujours traînés, que jamais ils ne se sont lancés dans cette marche rythmée mondiale des ouvriers.

« Vous étiez ivre de jeunesse et d'une sorte de folie du monde », me dit mon moi normal alors que j'avance à nouveau, m'efforçant de réfléchir.

Chicago est toujours là – Chicago après McGregor et les Marching Men. Les trains surélevés claquent encore sur les grenouilles au tournant de Wabash Avenue ; les voitures de surface font tinter leurs cloches ; la foule afflue le matin depuis la piste menant aux trains d'Illinois Central ; la vie continue. Et les hommes dans leurs bureaux s'assoient sur leurs chaises et disent que ce qui s'est passé a avorté, une tempête de cerveaux, une explosion sauvage de rebelles, de désordre et de faim dans l'esprit des hommes.

De quoi poser la question. L'âme même des Marching Men était le sens de l'ordre. C'était là le message, quelque chose que le monde n'a pas encore atteint. Les hommes n'ont pas appris que nous devons comprendre l'impulsion vers l'ordre, la faire graver dans notre conscience, avant de passer à autre chose. Il y a en nous cette folie de l'expression individuelle. Pour chacun de nous le petit moment de courir en avant et d'élever nos fines voix enfantines au milieu du grand silence. Nous n'avons pas appris que de nous tous, marchant côte à côte, puisse s'élever une voix plus forte, quelque chose qui ferait trembler les eaux des mers mêmes.

McGregor le savait. Il n'avait pas l'esprit malade à force de penser à des bagatelles. Lorsqu'il avait une idée géniale , il pensait qu'elle fonctionnerait et il voulait voir à ce qu'elle fonctionne.

Il était puissamment équipé. J'ai vu l'homme parler dans les couloirs, son corps énorme se balançant d'avant en arrière, ses gros poings en l'air, sa voix dure, persistante, insistante - avec quelque chose de la qualité des tambours - s'adressant aux visages tournés vers le haut. les hommes se pressaient dans les petits endroits étouffants.

Je me souviens que les journalistes s'asseyaient dans leurs petits trous et écrivaient en disant à son sujet que le temps avait fait McGregor. Je n'en sais rien. La ville a pris feu de l'homme lors de son terrible discours dans la salle d'audience où Polk Street Mary a pris peur et a dit la vérité. Il se tenait là, le mineur roux et inexpérimenté des mines et du Tenderloin, face à un tribunal en colère et à une nuée d'avocats protestataires et prononçant ce philippique qui fait trembler la ville contre le vieux premier quartier pourri et la lâcheté rampante des hommes qui laissent le vice et la maladie continue et envahit toute la vie moderne. C'était en quelque sorte un autre « J'Accuse ! des lèvres d'un autre Zola. Les gens qui l'ont entendu m'ont dit qu'après avoir fini dans toute la cour, personne ne parlait et personne n'osait se sentir innocent. "Pour l'instant, quelque chose - une section, une cellule, une fiction du cerveau des hommes s'est ouvert - et dans ce terrible instant lumineux, ils se sont vus tels qu'ils étaient et ce qu'ils avaient laissé la vie devenir."

Ils ont vu autre chose, ou pensaient l'avoir vu, voir McGregor comme une nouvelle force avec laquelle Chicago devait compter. Après le procès, un jeune journaliste est retourné à son bureau et a couru de bureau en bureau pour crier au visage de ses collègues journalistes : « L'enfer est dehors pour midi. Nous avons un grand avocat écossais aux cheveux roux ici dans Van Buren Street qui est une sorte de nouveau fléau du monde. Regardez le Premier Quartier comprendre.

Mais McGregor n'a jamais regardé le First Ward. Cela ne le dérangeait pas. De la salle d'audience, il partit marcher avec des hommes dans un nouveau domaine.

S'ensuivit le temps d'attente et de travail patient et tranquille. Le soir, McGregor travaillait sur les dossiers judiciaires dans la salle nue de Van Buren Street. Cet étrange oiseau, Henry Hunt, restait toujours avec lui, collectant la dîme pour le gang et se rendant la nuit dans sa respectable maison - un étrange triomphe du petit qui avait échappé à la langue de McGregor ce jour-là au tribunal où tant d'hommes avaient leurs noms prononcés. au monde lors de l'appel de McGregor — l'appel des hommes qui n'étaient que des marchands, des frères du vice, des hommes qui auraient dû être les maîtres de la ville.

Et puis le mouvement des Marching Men a commencé à faire surface. Cela est entré dans le sang des hommes. Cette voix dure et rythmée commença à secouer leurs cœurs et leurs jambes.

Partout, les hommes ont commencé à voir et à entendre parler des marcheurs. De bouche en bouche courait la question : « Que se passe-t-il ?

"Que se passe-t-il?" Comment ce cri a envahi Chicago. Tous les journalistes de la ville ont reçu des missions sur l'article. Les journaux en étaient chargés chaque jour. Partout dans la ville, ils sont apparus, partout : les Marching Men.

Il y avait assez de dirigeants ! La guerre de Cuba et la milice d'État avaient appris à trop d'hommes le mouvement du pas de marche pour qu'il n'y ait pas au moins deux ou trois maîtres instructeurs compétents dans chaque petite compagnie d'hommes.

Et il y avait la chanson de marche que le Russe avait écrite pour McGregor. Qui pourrait l'oublier ? Sa tension féminine aiguë et dure résonnait dans le cerveau. Comment il s'est mis à tanguer et à dégringoler dans ces lamentations appelant une note aiguë sans fin. Il y avait d'étranges pauses et intervalles dans le rendu. Les hommes ne l'ont pas chanté. Ils l'ont scandé. Il y avait là juste ce quelque chose d'étrange et obsédant que les Russes savent mettre dans leurs chansons et dans les livres qu'ils écrivent. Ce n'est pas la qualité du sol. Certaines de nos propres musiques ont cela. Mais dans cette chanson russe, il y avait autre chose, quelque chose de mondial et de religieux : une âme, un esprit. Peut-être s'agit-il simplement de l'esprit qui plane sur cette terre et ce peuple étranges. Il y avait quelque chose de russe chez McGregor lui-même.

Quoi qu'il en soit, le chant de marche était la chose la plus pénétrante que les Américains aient jamais entendue. C'était dans les rues, les magasins, les bureaux, les ruelles et dans l'air au-dessus des lamentations, des demi-cris. Aucun bruit ne pourrait le noyer. Il se balançait, tanguait et se déchaînait dans les airs.

Et il y avait celui qui avait écrit la musique de McGregor. Il était réel et il portait les marques des chaînes sur ses jambes. Il s'était souvenu de la marche en entendant les hommes la chanter alors qu'ils traversaient les steppes jusqu'en Sibérie, les hommes qui montaient de la misère vers encore plus de misère. "Cela sortirait de l'air", a-t-il expliqué. « Les gardes couraient le long de la file d'hommes pour crier et frapper avec leurs courts fouets. 'Arrête ça!' ils ont pleuré. Et cela a continué pendant des heures, défiant tout, là-bas, dans les plaines froides et sans joie.

Et il l'avait amené en Amérique et l'avait mis en musique pour les marcheurs de McGregor.

Bien entendu, la police a tenté d'arrêter les manifestants. Dans une rue, ils couraient en criant « Dispersez-vous ! Les hommes se dispersèrent pour réapparaître sur un terrain vague, travaillant à la perfection de la marche. Un jour, une escouade de policiers excités en a capturé un groupe. Les mêmes hommes étaient de retour dans la file le lendemain soir. La police n'a pas pu arrêter cent mille hommes parce qu'ils marchaient côte à côte dans les rues et scandaient une étrange chanson de marche tout en marchant.

Il ne s'agissait pas là d'une explosion de travail . C'était quelque chose de différent de tout ce qui était venu au monde auparavant. Les syndicats en faisaient partie, mais à côté des syndicats, il y avait les Polonais, les Juifs russes, les beaux mecs des parcs à bestiaux et des aciéries du sud de Chicago.

Ils avaient leurs propres dirigeants, parlant leur propre langue. Et comme ils pourraient jeter leurs jambes dans la marche ! Les armées du vieux monde entraînaient depuis des années des hommes pour l'étrange manifestation qui avait éclaté à Chicago.

La chose était hypnotique. Il était grand. Il est absurde de rester assis à l'écrire aujourd'hui dans des termes aussi majestueux, mais il faut retourner aux journaux de cette époque pour se rendre compte à quel point l'imagination des hommes a été captée et retenue.

Chaque train amenait des écrivains à Chicago. Le soir, cinquante d'entre eux se rassemblaient dans l'arrière-salle du restaurant Weingardner , où se rassemblent ces hommes.

Et puis la chose a éclaté dans tout le pays, dans des villes sidérurgiques comme Pittsburgh, Johnstown, Lorain et McKeesport, et des hommes travaillant dans de petites usines indépendantes dans des villes de l'Indiana ont commencé à forer et à chanter la chanson de marche les soirs d'été sur le terrain de baseball du village.

Comme les gens, les gens aisés et bien nourris de la classe moyenne avaient peur ! Cela a balayé le pays comme un renouveau religieux, une terreur rampante.

Les écrivains sont arrivés à McGregor, le cerveau de tout cela, assez rapidement. Partout son influence apparaît. Dans l'après-midi, il y avait une centaine de journalistes debout dans l'escalier menant au grand bureau vide de Van Buren Street. A son bureau, il était assis, grand, rouge et silencieux. Il ressemblait à un homme à moitié endormi. Je suppose que ce qu'ils avaient à l'esprit avait quelque chose à voir avec la façon dont les hommes le regardaient, mais en tout cas, la foule du Weingardner était d'accord pour dire qu'il y avait chez cet homme quelque chose de la même grandeur effrayante que dans le mouvement qu'il avait. a commencé et guidait.

Cela semble absurdement simple maintenant. Là, il était assis à son bureau. La police aurait pu intervenir et l'arrêter. Mais si l'on commence à penser de cette façon, tout cela est absurde. Qu'est-ce qui change si les hommes reviennent du travail en se balançant épaule contre épaule ou en se traînant sans but, et quel mal peut-il résulter du chant d'une chanson ?

Vous voyez, McGregor a compris quelque chose sur lequel nous n'avions pas tous compté. Il savait que tout le monde a une imagination. Il était en guerre contre les esprits des hommes. Il a défié quelque chose en nous dont nous avions à peine conscience qu'il était là. Il était resté assis là pendant des années à réfléchir. Il avait observé le Dr Dowie et Mme Eddy. Il savait ce qu'il faisait.

Un soir, une foule de journalistes est allée écouter McGregor lors d'une grande réunion en plein air dans le North Side. Le Dr Cowell était avec eux, le grand homme d'État et écrivain anglais qui s'est noyé plus tard sur le *Titanic*. C'était un grand homme, physiquement et mentalement, et il était à Chicago pour voir McGregor et essayer de comprendre ce qu'il faisait.

Et McGregor l'a eu comme tous les hommes. Là-bas, sous le ciel, les hommes restaient silencieux, la tête de Cowell dépassant la mer de visages, et McGregor parlait. Les journalistes ont déclaré qu'il ne pouvait pas parler. Ils avaient tort sur ce point. McGregor avait une façon de lever les bras, de forcer et de crier ses phrases, qui touchaient l'âme des hommes.

C'était une sorte d'artiste grossier qui dessinait des images dans l'esprit.

Cette nuit-là, il parla du travail comme toujours – du travail personnifié – du vieux travail énorme et grossier . Comment il a fait voir et ressentir aux hommes devant lui le géant aveugle qui vit dans le monde depuis la nuit des temps et qui continue encore à trébucher aveuglément, se frottant les yeux et se couchant pour dormir des siècles dans la poussière des champs et des usines.

Un homme s'est levé dans le public et a grimpé sur la plate-forme à côté de McGregor. C'était une chose audacieuse à faire et les genoux des hommes tremblaient. Tandis que l'homme rampait jusqu'à la plate-forme, des cris s'élevèrent. On pense à l'image d'un petit homme agité entrant dans la maison et dans la chambre haute où Jésus et ses disciples prenaient ensemble le dernier souper, entrant là pour se disputer sur le prix à payer pour le vin.

L'homme qui est monté sur la plateforme avec McGregor était un socialiste. Il voulait discuter.

Mais McGregor n'a pas discuté avec lui. Il bondit en avant, ce fut un mouvement rapide semblable à celui d'un tigre, et fit tourner le socialiste, le faisant se tenir petit, clignant des yeux et comique devant la foule.

Puis McGregor commença à parler. Il a fait du petit socialiste bégayeur argumentatif une figure représentant tout le travail , il a fait de lui la personnification de la vieille lutte lasse du monde. Et le socialiste qui est allé discuter se tenait les larmes aux yeux, fier de sa position aux yeux des hommes.

Dans toute la ville, McGregor parlait du vieux Labour et de la façon dont il allait être édifié et mis devant les yeux des hommes par le mouvement des Marching Men. Comme nos jambes picotaient pour lui emboîter le pas et partir avec lui.

De la foule sortit la note de cette marche lamentable. Quelqu'un a toujours commencé ça.

Cette nuit-là, dans le North Side, le docteur Cowell saisit l'épaule d'un journaliste et le conduisit à une voiture. Celui qui connaissait Bismarck et qui avait siégé en conseil avec les rois marchait et babillait la moitié de la nuit dans les rues désertes.

Il est amusant maintenant de penser à ce que disaient les hommes sous l'influence de McGregor. Comme le vieux docteur Johnson et son ami Savage, ils marchaient à moitié ivres dans les rues en jurant que quoi qu'il arrive, ils s'en tiendraient au mouvement. Le docteur Cowell lui-même a dit des choses tout aussi absurdes que cela.

Et dans tout le pays, les hommes avaient l'idée – les Marching Men – le vieux Labour marchant en masse devant les yeux des hommes – le vieux Labour qui allait faire voir au monde – voir et sentir enfin sa grandeur. Les hommes devaient mettre fin aux conflits – les hommes unis – en marche ! En marche ! En marche !

CHAPITRE V

Pendant toute la durée des Marching Men, il n'y avait qu'un seul écrit du leader McGregor. Il avait un tirage de plusieurs millions de personnes et était imprimé dans toutes les langues parlées en Amérique. Une copie de la petite circulaire se trouve maintenant devant moi.

LES MARCHEURS

« Ils nous demandent ce que nous voulons dire.
Eh bien, voici notre réponse.
Nous voulons continuer à marcher.
Nous avons l'intention de marcher le matin et le soir quand le soleil
diminue.
Le dimanche, ils peuvent s'asseoir sur leur porche ou crier après les hommes qui jouent
balle dans un champ
Mais nous marcherons.
Sur les pavés durs des rues de la ville et à travers la poussière
des routes de campagne, nous marcherons.
Nos jambes peuvent être fatiguées et nos gorges chaudes et sèches,
Mais nous continuerons à marcher côte à côte.
Nous marcherons jusqu'à ce que le sol tremble et que les grands immeubles tremblent.
Nous irons côte à côte, nous tous...
Encore et encore pour toujours.
Nous ne parlerons ni n'écouterons parler.
Nous marcherons et nous apprendrons à nos fils et à nos filles à
mars.
Leurs esprits sont troublés. Nos esprits sont clairs.
Nous ne réfléchissons pas et ne plaisantons pas avec des mots.
Nous marchons.
Nos visages sont grossiers et il y a de la poussière dans nos cheveux et notre barbe.
Vous voyez, les parties intérieures de nos mains sont rugueuses.
Et nous continuons à marcher, nous les travailleurs. »

CHAPITRE VI

Qui oubliera un jour cette fête du Travail à Chicago ? Comme ils ont marché ! Des milliers et des milliers et encore des milliers ! Ils ont rempli les rues. Les voitures se sont arrêtées. Les hommes tremblaient à l'idée de l'heure imminente.

Les voilà! Comme le sol tremble ! Le chant chanté chantez cette chanson ! C'est sans doute ainsi que Grant a ressenti lors de la grande revue des anciens combattants à Washington lorsque toute la journée ils ont défilé devant lui, les hommes de la guerre civile, le blanc de leurs yeux apparaissant dans le bronzage de leurs visages. McGregor se tenait sur la bordure en pierre au-dessus des voies ferrées de Grant Park. Tandis que les hommes marchaient, ils se massaient autour de lui, des milliers d'entre eux, des sidérurgistes et des ferronniers, de grands bouchers et des équipiers au col rouge.

Et dans l'air hurlait le chant de marche des ouvriers.

Tout le monde qui ne marchait pas s'est rassemblé dans les bâtiments faisant face à Michigan Boulevard et a attendu. Margaret Ormsby était là. Elle était assise avec son père dans une calèche près de l'endroit où se termine la rue Van Buren sur le boulevard. Tandis que les hommes se pressaient autour d'eux , elle s'agrippa nerveusement à la manche du manteau de David Ormsby. "Il va parler", murmura-t-elle en pointant du doigt. Son air tendu et impatient exprimait en grande partie le sentiment de la foule. "Tu vois, écoute, il va parler."

Il devait être cinq heures de l'après-midi lorsque les hommes terminèrent leur marche. Ils étaient massés là-bas, jusqu'à la station de la Douzième Rue de l'Illinois Central. McGregor leva les mains. Dans le silence, sa voix dure portait loin. « Nous n'en sommes qu'au début », a-t-il crié et le silence s'est abattu sur la population. Dans le silence, quelqu'un qui se tenait près d'elle aurait pu entendre Margaret Ormsby pleurer doucement. Il y avait ce doux murmure qui prévaut toujours là où de nombreuses personnes se tiennent au garde-à-vous. Les pleurs de la femme étaient à peine audibles mais ils persistaient comme le bruit des petites vagues sur une plage en fin de journée.

LIVRE VII

CHAPITRE I

L'idée répandue parmi les hommes selon laquelle la femme, pour être belle, doit être entourée et protégée des réalités de la vie a fait bien plus que produire une race de femmes physiquement dépourvues de vigueur. Cela les a également rendus déficients en force d'âme. Après la soirée où elle se tenait face à Edith et où elle n'avait pas pu relever le défi que lui lançait la petite modiste, Margaret Ormsby fut forcée de se tenir face à sa propre âme et elle n'avait plus la force de faire l'épreuve. Son esprit insistait pour justifier son échec. Une femme du peuple placée dans une telle situation aurait pu y faire face sereinement. Elle aurait accompli son travail avec sobriété et régularité et après quelques mois passés à arracher les mauvaises herbes dans un champ, à tailler des chapeaux dans un magasin ou à instruire des enfants dans une salle de classe, elle aurait été prête à repartir, faisant une nouvelle épreuve dans la vie. Ayant subi de nombreuses défaites, elle aurait été armée et prête à la défaite. Comme un petit animal dans une forêt habitée par d'autres animaux plus grands, elle aurait connu l'efficacité de rester parfaitement immobile pendant une longue période, faisant de sa patience une partie de son équipement pour vivre.

Margaret avait décidé qu'elle détestait McGregor. Après la scène dans sa maison , elle a abandonné son travail dans la maison de colonie et a longtemps entretenu sa haine. Dans la rue, alors qu'elle marchait, son esprit ne cessait de porter des accusations contre lui et, dans sa chambre, la nuit , elle s'asseyait près de la fenêtre, regardant les étoiles et prononçait des paroles fortes. «C'est une brute», déclara-t-elle avec véhémence, «un simple animal épargné par la culture qui fait la douceur. Il y a quelque chose d'animal et d'horrible dans ma nature qui m'a fait prendre soin de lui. Je vais l'arracher. À l'avenir, je me ferai un devoir d'oublier l'homme et toutes les terribles couches inférieures de la vie qu'il représente.

Remplie de cette idée, Margaret se promenait parmi les siens et essayait de s'intéresser aux hommes et aux femmes qu'elle rencontrait lors des dîners et des réceptions. Cela ne marcha pas et quand, après quelques soirées passées en compagnie d'hommes absorbés par la recherche d'argent, elle ne trouva en eux que des créatures ennuyeuses dont la bouche était remplie de mots dénués de sens, son irritation grandit et elle en blâma également McGregor. « Il n'avait pas le droit de revenir dans ma conscience et de s'en aller ensuite », déclara-t-elle amèrement. « Cet homme est plus une brute que je ne le pensais. Il s'attaque sans aucun doute à tout le monde comme il s'en prend à moi. Il est sans tendresse, ne connaît rien du sens de la tendresse. La créature incolore qu'il a épousée servira son corps. C'est ce qu'il veut. Il ne veut pas de beauté. C'est un lâche qui n'ose pas résister à la beauté et qui a peur de moi.

Lorsque le mouvement Marching Men a commencé à faire sensation à Chicago, Margaret s'est rendue à New York. Pendant un mois, elle a vécu avec deux amies dans un grand hôtel près de la mer, puis s'est dépêchée de rentrer chez elle. «Je vais voir cet homme et l'entendre parler», se dit-elle. «Je ne peux pas me guérir de sa conscience en m'enfuyant. Peut-être que je suis moi-même un lâche. J'irai en sa présence. Quand j'entendrai ses paroles brutales et que je reverrai la dure lueur qui vient parfois dans ses yeux, je serai guéri.

Margaret est allée entendre McGregor parler à un rassemblement d'ouvriers dans un hall du West Side et en est ressortie plus vivante que jamais. Dans le couloir, elle était assise, cachée dans l'ombre profonde près de la porte, et attendait avec une impatience tremblante.

De tous côtés, des hommes étaient entassés. Leurs visages étaient lavés mais la crasse des magasins n'était pas tout à fait effacée. Des hommes des aciéries à l'aspect cuit qui suit une longue exposition à une chaleur artificielle intense, des hommes des métiers du bâtiment aux mains larges, des hommes grands et petits, difformes et droits, des ouvriers , tous étaient assis au garde-à-vous, attendant.

Margaret remarqua que pendant que McGregor parlait, les lèvres des ouvriers bougeaient. Les poings étaient serrés. Les applaudissements furent rapides et vifs comme des détonations de coups de feu.

Dans l'ombre, à l'autre bout de la salle, les blouses noires des ouvriers formaient une tache sur laquelle regardaient des visages intenses et sur laquelle les jets de gaz vacillants au centre de la salle jetaient des lumières dansantes.

Les paroles de l'orateur ont été lancées. Les phrases semblaient brisées et déconnectées. Pendant qu'il parlait, des images géantes traversaient l'esprit des auditeurs. Les hommes se sentaient grands et exaltés. Un petit sidérurgiste assis à côté de Margaret, qui plus tôt dans la soirée avait été maltraitée par sa femme parce qu'il voulait venir à la réunion au lieu de faire la vaisselle à la maison, regardait fixement autour de lui. Il pensait qu'il aimerait se battre main dans la main avec un animal sauvage dans une forêt.

Debout sur la scène étroite, McGregor semblait une expression géante en quête. Sa bouche travaillait, la sueur coulait sur son front et il bougeait sans cesse de haut en bas. Parfois, avec ses mains avancées et son corps courbé vers l'avant, il ressemblait à un lutteur attendant d'affronter un adversaire.

Margaret était profondément émue. Ses années d'entraînement et de perfectionnement lui furent retirées et elle sentit que, comme les femmes de la Révolution française, elle aimerait sortir dans les rues et marcher en criant et en luttant avec une rage féminine pour les choses de l'esprit de cet homme.

McGregor avait à peine commencé à parler. Sa personnalité, ce quelque chose d'avide en lui, avait captivé et retenu ce public comme elle avait captivé et retenu d'autres publics dans d'autres salles et devait les retenir nuit après nuit pendant des mois.

McGregor était quelque chose que les hommes à qui il parlait comprenaient. Il était lui-même devenu expressif et il les faisait bouger comme aucun autre leader ne les avait jamais bougés auparavant. Son manque même de désinvolture, les choses en lui qui voulaient s'exprimer et ne s'exprimaient pas, le faisaient ressembler à l'un d'entre eux. Il ne confondit pas leurs esprits mais dessina pour eux de grands dessins et il leur cria : « Mars ! et pour marcher, il leur a promis la réalisation d'eux-mêmes.

« J'ai entendu des hommes dans des universités et des orateurs dans des salles parler de la fraternité humaine », s'est-il exclamé. « Ils ne veulent pas d'une telle fraternité. Ils fuiraient devant lui. Mais nous créerons en marchant une telle fraternité qu'ils trembleront et se diront : « Voyez, le Vieux Travail est réveillé. Il a trouvé sa force. Ils se cacheront et mangeront leurs paroles de fraternité.

« Une clameur de voix s'élèvera, de nombreuses voix, criant : « Dispersez-vous ! Arrêtez de marcher ! J'ai peur!'

« Ce discours sur la fraternité. Les mots ne veulent rien dire. L'homme ne peut pas aimer l'homme. Nous ne savons pas ce qu'ils entendent par un tel amour. Ils nous font du mal et nous sous-payent. Parfois, l'un de nous se fait arracher un bras. Devons-nous rester dans notre lit en aimant l'homme qui s'est enrichi grâce à la machine à fer qui a arraché le bras de l'épaule ?

« À genoux et dans nos bras, nous avons porté leurs enfants. Dans les rues, nous les voyons, les enfants choyés de notre folie. Vous voyez, nous les avons laissés courir pour se comporter mal. Nous leur avons donné des automobiles et des épouses aux robes douces et moulantes. Quand ils pleuraient, nous prenions soin d'eux.

« Et comme ils sont des enfants avec un esprit d'enfant, ils sont confus. Le bruit des affaires les alarme. Ils courent en secouant les doigts et en commandant. Ils parlent avec pitié de nous, les Travailleurs , de leur père.

« Et maintenant, nous allons leur montrer leur père dans sa puissance. Les petites machines qu'ils ont dans leurs usines sont des jouets que nous leur avons donnés et que nous leur laissons entre les mains pour le temps. On ne pense pas aux jouets ni aux femmes au corps mou. Nous formons une armée puissante, une armée en marche, côte à côte. Nous pouvons aimer ça.

« Quand ils nous verront, des centaines de milliers d'entre nous, entrer dans leur esprit et dans leur conscience, alors ils auront peur. Et lors des petites réunions qu'ils ont, quand trois ou quatre d'entre eux discutent, osant décider de ce que nous aurons de la vie, il y aura une image dans leur esprit. Nous l'y tamponnerons.

« Ils ont oublié notre pouvoir. Réveillons-le. Vous voyez, je secoue Old Labour par l'épaule. Il suscite. Il s'assoit. Il dresse sa silhouette immense d'où il dormait dans la poussière et la fumée des moulins. Ils le regardent et ont peur. Voyez-vous, ils tremblent et s'enfuient en tombant les uns sur les autres. Ils ne savaient pas que le Old Labour était si important.

« Mais vous, les travailleurs, n'avez pas peur. Vous êtes les bras, les jambes, les mains et les yeux du Travail . Vous vous pensez petit. Vous ne vous êtes pas mis dans une seule masse pour que je puisse vous secouer et vous exciter.

« Vous devez arriver par là. Vous devez marcher côte à côte. Vous devez marcher pour que vous sachiez vous-mêmes quel géant vous êtes. Si l'un d'entre vous gémit, se plaint ou se tient debout sur une boîte en lançant des mots pour le renverser et continuer à marcher.

« Lorsque vous aurez marché jusqu'à devenir un corps géant, alors un miracle se produira. Un cerveau grandira dans le géant que vous avez créé.

« Veux-tu marcher avec moi ?

Comme une volée d'une batterie de canons, la réponse acerbe des visages avides de l'assistance se retourna. "Nous allons! Marchons ! ils ont crié.

Margaret Ormsby est sortie à la porte et s'est retrouvée dans la foule de Madison Street. En parcourant la presse , elle leva la tête avec fierté qu'un homme doté d'un tel cerveau et du simple courage d'essayer d'exprimer des idées aussi magnifiques à travers des êtres humains lui ait jamais témoigné de la faveur . L'humilité l'envahit et elle se reprocha les mesquines pensées le concernant qui lui venaient à l'esprit. «Ça n'a pas d'importance», se murmura-t-elle. «Maintenant, je sais que rien ne compte, rien que son succès. Il doit faire ce qu'il a décidé de faire. Il ne faut pas le nier. Je donnerais le sang de mon corps ou exposerais mon corps à la honte si cela pouvait lui apporter le succès.

Margaret est devenue exaltée dans son humilité. Lorsque sa voiture l'eut conduite chez elle, elle monta rapidement dans sa chambre et s'agenouilla près de son lit. Elle commença à prier mais s'arrêta aussitôt et se leva d'un bond. Courant vers la fenêtre, elle regarda la ville. « Il doit réussir », cria-t-elle encore. « Je serai moi-même l'un de ses marcheurs. Je ferai n'importe quoi pour lui. Il arrache le voile de mes yeux, de tous les yeux des hommes. Nous sommes des enfants entre les mains de ce géant et il ne doit pas subir la défaite face aux enfants.

CHAPITRE II

Le jour de la grande manifestation, lorsque le pouvoir de McGregor sur l'esprit et le corps des ouvriers envoya des centaines de milliers de personnes marcher et chanter dans les rues, il y avait un homme qui n'était pas touché par le chant du travail exprimé dans le battage des céréales. pieds. David Ormsby avait, à sa manière, réfléchi aux choses. Il espérait que le nouvel élan donné à la solidité dans les rangs ouvriers lui créerait des problèmes, ainsi qu'à ses semblables, et qu'il se traduirait finalement par des grèves et des troubles industriels généralisés. Il n'était pas inquiet. En fin de compte, il pensait que le pouvoir patient et silencieux de l'argent apporterait la victoire à son peuple. Ce jour-là, il n'est pas allé à son bureau mais est resté le matin dans sa propre chambre en pensant à McGregor et à sa fille. Laura Ormsby n'était pas en ville mais Margaret était à la maison. David pensait avoir mesuré avec précision le pouvoir de McGregor sur son esprit, mais des doutes lui venaient occasionnellement. " Eh bien , le moment est venu d'en parler avec elle", décida-t-il. « Je dois réaffirmer mon ascendant sur son esprit. Ce qui se passe ici est vraiment une lutte d'esprit. McGregor diffère des autres dirigeants du monde syndical tout comme je suis différent de la plupart des dirigeants des forces de l'argent. Il a un cerveau. Très bien. Je le rencontrerai à ce niveau. Puis, quand j'aurai fait penser à Margaret ce que je pense, elle reviendra vers moi.

Lorsqu'il était encore un petit fabricant dans la ville du Wisconsin, David avait l'habitude de sortir en voiture le soir avec sa fille. Pendant les trajets, il avait été presque amoureux dans ses attentions envers l'enfant et maintenant, quand il pensait aux forces à l'œuvre en elle, il était convaincu qu'elle était encore une enfant. Au début de l'après-midi, il fit amener une voiture à la porte et partit avec elle vers la ville. « Elle voudra voir l'homme au sommet de sa puissance. Si j'ai raison de penser qu'elle est toujours sous l'influence de sa personnalité, il y aura un désir romantique pour cela.

«Je vais lui donner sa chance», pensa-t-il fièrement. « Dans cette lutte, je ne lui demande aucun quartier et je ne commettrai pas l'erreur courante des parents dans de tels cas. Elle est fascinée par la silhouette qu'il s'est fait. Les hommes voyants qui se démarquent de la foule ont ce pouvoir. Elle est toujours sous son influence. Sinon, pourquoi sa distraction constante et son manque d'intérêt pour autre chose ? Maintenant, je serai avec elle quand l'homme sera le plus puissant, quand il se montrera le plus à son avantage, et alors je combattrai pour elle. Je lui indiquerai une autre route, la route que les vrais vainqueurs de la vie doivent apprendre à parcourir.

Ensemble, David, le représentant discret et efficace de la richesse, et sa femme étaient assis dans la voiture le jour du triomphe de McGregor. Pour l'instant, un abîme infranchissable semblait les séparer et chacun observait avec des yeux intenses les hordes d'hommes qui se massaient autour du leader syndical . À ce moment-là, McGregor semblait avoir attrapé tous les hommes dans son mouvement. Les hommes d'affaires avaient fermé leurs bureaux, le travail exultait, les écrivains et les hommes adonnés à la spéculation par la pensée marchaient en rêvant de la réalisation de la fraternité humaine. Dans le parc long et étroit sans arbres, la musique produite par le battement incessant et régulier des pieds s'élevait jusqu'à devenir quelque chose de vaste et de rythmé. C'était comme si un puissant chœur sortait du cœur des hommes. David était impassible. De temps en temps, il parlait aux chevaux et regardait non plus les visages des hommes massés autour de lui, mais aussi celui de sa fille. Dans les visages grossiers des hommes, il croyait voir seulement une sorte d'ivresse grossière, le résultat d'une nouvelle sorte d'émotivité. « Cela ne durera pas trente jours de vie ordinaire dans leur environnement sordide », pensa-t-il sombrement. « Ce n'est pas le genre d'exaltation pour Margaret. Je peux lui chanter une chanson plus merveilleuse. Je dois me préparer à cela.

Lorsque McGregor se leva pour parler, Margaret fut submergée par les émotions. Tombant à genoux dans la voiture, elle posa sa tête sur le bras de son père. Depuis des jours, elle se répétait que dans l'avenir de l'homme qu'elle aimait, il n'y avait pas de place pour l'échec. Maintenant, elle se murmurait à nouveau qu'il ne fallait pas refuser à cette grande figure robuste l'accomplissement de son objectif. Quand, dans le silence qui suivit le rassemblement des ouvriers autour de lui, la voix dure et retentissante flotta au-dessus des têtes des gens, son corps trembla comme d'un frisson. Des fantaisies extravagantes envahissaient son esprit et elle souhaitait qu'il lui soit possible de faire quelque chose d'héroïque, quelque chose qui la ferait revivre dans l'esprit de McGregor. Elle voulait le servir, lui donner quelque chose d'elle-même, et pensait follement qu'il pourrait encore arriver un moment et un moyen par lequel la beauté de son corps pourrait lui être offerte comme un cadeau. La figure à moitié mythique de Marie, l'amante de Jésus, lui vint à l'esprit et elle aspirait à en être une autre. Le corps secoué par les émotions, elle tira sur la manche du manteau de son père. "Écouter! Cela va venir maintenant », murmura-t-elle. « Le cerveau du travail va exprimer le rêve du travail . Un élan doux et durable va venir au monde.

David Ormsby n'a rien dit. Lorsque McGregor commença à parler , il toucha les chevaux avec le fouet et longea Van Buren Street lentement, passant devant les rangs d'hommes silencieux et attentifs. Lorsqu'il fut arrivé dans une des rues près de la rivière, une immense acclamation s'éleva. Cela semblait secouer la ville et les chevaux se cabraient et bondissaient sur les pavés rugueux. D'une main, David les calmait tandis que de l'autre, il tenait la main de sa fille. Ils traversèrent un pont et pénétrèrent dans le West Side et tandis qu'ils avançaient, le chant de marche des ouvriers se levant de milliers de gorges résonnait à leurs oreilles. Pendant un certain temps , l'air parut vibrer avec cela, mais à mesure qu'ils se dirigeaient vers l'ouest, cela devenait de moins en moins distinct. Finalement , lorsqu'elles furent transformées en une rue bordée de grandes usines, la rue disparut complètement. «C'est fini pour moi et pour les miens», pensa David et il se remit à la tâche qu'il devait accomplir.

Rue après rue, David laissait les chevaux vagabonder pendant qu'il s'accrochait à la main de sa fille et réfléchissait à ce qu'il voulait dire. Toutes les rues n'étaient pas bordées d'usines. Certaines, et celles-ci, dans la lumière du soir, étaient les plus hideuses, étaient bordées par les maisons des ouvriers. Les maisons des ouvriers, serrées les unes contre les autres et noires de crasse, étaient remplies d'une vie bruyante. Les femmes étaient assises sur le seuil des portes et les enfants couraient en criant et en criant sur la route. Les chiens aboyaient et hurlaient. Partout, c'était la saleté et le désordre, terrible témoignage de l'échec des hommes dans l'art de vivre, difficile et délicat. Dans l'une des rues, une petite fille assise sur le poteau d'une clôture faisait une figure ridicule. Alors que David et Margaret passaient devant elle , elle a frappé avec ses talons contre les côtés du poteau et a crié. Des larmes coulaient sur ses joues et ses cheveux ébouriffés étaient noirs de terre. « Je veux une banane ! Je veux une banane ! hurla-t-elle en regardant les murs vierges d'une des maisons. Malgré elle, Margaret fut touchée et son esprit quitta la figure de McGregor. Par un curieux hasard, l'enfant en poste était la fille de cet orateur socialiste qui, une nuit dans le North Side, était monté sur une estrade pour confronter McGregor à la propagande du Parti socialiste.

David a transformé les chevaux en un large boulevard qui traversait vers le sud le quartier des usines de l'ouest. En sortant sur le boulevard, ils aperçurent assis sur le trottoir devant un saloon un ivrogne avec un tambour à la main. L'ivrogne battait du tambour et essayait de chanter le chant de marche des ouvriers, mais il ne parvenait qu'à émettre un étrange grognement semblable à celui d'un animal en détresse. Cette vue fit sourire David. « Il a déjà commencé à se désintégrer », marmonna-t-il. «Je t'ai amené exprès dans ce quartier de la ville », dit-il à Margaret. «Je voulais que vous voyiez de vos propres yeux à quel point le monde a besoin de ce qu'il essaie de faire. Cet homme a terriblement raison sur la nécessité de discipline et d'ordre. C'est un grand homme qui fait de grandes choses et j'admire son courage. Il serait vraiment un grand homme s'il avait eu plus de courage.

Sur le boulevard où ils avaient tourné, tout était calme. Le soleil d'été se couchait et, au-dessus des toits des immeubles, l'ouest brillait de lumière. Ils passèrent devant une usine entourée de petits jardins. Quelque employeur avait ainsi faiblement essayé d'apporter de la beauté dans le voisinage de l'endroit où travaillaient ses hommes. David montra du doigt le fouet. « La vie est une enveloppe, dit-il, et nous, hommes d'affaires, qui nous prenons si au sérieux parce que le sort nous a été favorable, avons d'étranges petites fantaisies stupides. Voyez ce que cet homme a fait, réparant, s'efforçant de créer de la beauté sur la coquille des choses. Il est comme McGregor, vous voyez. Je me demande si l'homme s'est rendu beau, si lui ou McGregor ont veillé à ce qu'il y ait quelque chose de beau à l'intérieur de la coque qu'il porte et qu'il appelle son corps, s'il a vu à travers la vie l'esprit de la vie. Je ne crois pas aux correctifs ni à la perturbation de l'enveloppe des choses comme McGregor a osé le faire. J'ai mes propres croyances et ce sont les croyances de mon espèce. Cet homme ici, ce créateur de petits jardins, est comme McGregor. Il ferait mieux de laisser les hommes trouver leur propre beauté. C'est ma façon de faire. Je me suis, je veux le penser, réservé pour l'effort le plus doux et le plus audacieux.

David se tourna et regarda attentivement Margaret qui commençait à être influencée par son humeur. Elle attendait, regardant le ciel au-dessus des toits des immeubles, le visage détourné. David a commencé à parler de lui-même par rapport à elle et à sa mère. Une note d'impatience apparut dans sa voix.

« Jusqu'où avez-vous été emporté, n'est-ce pas ? » dit-il sèchement. "Écouter. Je ne te parle pas maintenant en tant que ton père ni en tant que fille de Laura. Soyons clairs sur le fait que je t'aime et que je participe à un concours pour gagner ton amour. Je suis le rival de McGregor. J'accepte le handicap de la paternité. Je t'aime. Vous voyez, j'ai laissé quelque chose en moi se poser sur vous. McGregor ne l'a pas fait. Il a refusé ce que vous aviez à proposer, mais pas moi. J'ai centré ma vie sur vous et je l'ai fait en toute connaissance de cause et après mûre réflexion. Le sentiment que j'éprouve est quelque chose d'assez spécial. Je suis individualiste mais je crois en l'unité de l'homme et de la femme. Je n'oserais m'aventurer que dans une autre vie au-delà de la mienne et celle d'une femme. J'ai choisi de vous demander de me laisser m'aventurer ainsi dans votre vie. Nous en parlerons.

Margaret se tourna et regarda son père. Plus tard, elle pensa qu'un phénomène étrange avait dû se produire à ce moment-là. Quelque chose comme un film s'arracha de ses yeux et elle vit l'homme David, non pas comme un homme d'affaires astucieux et calculateur, mais comme quelque chose de magnifiquement jeune. Non seulement il était fort et solide, mais sur son visage il y avait à ce moment les lignes profondes de pensée et de souffrance qu'elle avait vues sur le visage de McGregor. «C'est étrange», pensa-t-elle. "Ils sont si différents et pourtant les deux hommes sont beaux tous les deux."

"J'ai épousé ta mère quand j'étais enfant, comme tu es un enfant maintenant", a poursuivi David. « Bien sûr, j'avais une passion pour elle et elle en avait une pour moi. C'est passé mais c'était assez beau tant que ça durait. Cela n'avait ni profondeur ni sens. Je veux vous dire pourquoi. Ensuite, je vais vous faire comprendre McGregor pour que vous puissiez prendre votre mesure de l'homme. J'y arrive. Je dois commencer par le début.

"Mon usine a commencé à se développer et, en tant qu'employeur, je me suis préoccupé de la vie de bon nombre d'hommes."

Sa voix redevint aiguë. «J'ai été impatient avec vous», dit-il. « Pensez-vous que ce McGregor est le seul homme à avoir vu et pensé à d'autres hommes dans la masse ? Je l'ai fait et j'ai été tenté. J'aurais aussi pu devenir sentimental et me détruire. Je n'ai pas. Aimer une femme m'a sauvé. Laura a fait cela pour moi, même si lorsqu'il s'agissait du véritable test de notre amour et de notre compréhension, elle a échoué. Je lui suis néanmoins reconnaissant d'avoir été autrefois l'objet de mon amour. Je crois en la beauté de cela.

à nouveau une pause et commença à raconter son histoire d'une manière nouvelle. La figure de McGregor revint à l'esprit de Margaret et son père commença à penser que la supprimer entièrement serait un accomplissement plein de signification. « Si je peux la lui prendre, moi et mes semblables pouvons lui prendre le monde aussi », pensa-t-il. "Ce sera une nouvelle victoire de l'aristocratie dans la bataille sans fin contre la foule."

«Je suis arrivé à un tournant», dit-il à voix haute. « Tous les hommes en arrivent à ce point. Certes, la grande masse des gens dérive assez bêtement, mais nous ne parlons pas ici des gens en général. Il y a toi et moi et il y a ce que McGregor pourrait être. Nous sommes chacun à notre manière quelque chose de spécial. Nous arrivons, les gens comme nous, à un endroit où il y a deux routes à emprunter. J'en ai pris un et McGregor en a pris un autre. Je sais pourquoi et peut-être qu'il sait pourquoi. Je lui concède la connaissance de ce qu'il a fait. Mais il est maintenant temps pour vous de décider quelle route vous allez emprunter. Vous avez vu les foules se déplacer sur le large chemin qu'il a choisi et maintenant vous allez suivre votre propre chemin. Je veux que tu regardes ma route avec moi.

Ils arrivèrent à un pont sur un canal et David arrêta les chevaux. Un groupe de manifestants de McGregor passa et le pouls de Margaret recommença à battre plus fort. Cependant, lorsqu'elle regardait son père, il restait impassible et elle avait un peu honte de ses émotions. David attendit un instant, comme pour trouver l'inspiration, et quand les chevaux repartirent, il se mit à parler. « Un dirigeant syndical est venu dans mon usine, un McGregor miniature avec une touche tordue. C'était un voyou, mais tout ce qu'il disait à mes hommes était assez vrai. Je gagnais beaucoup d'argent pour mes investisseurs. Ils auraient pu gagner un combat contre moi. Un soir, je suis sorti à la campagne pour me promener seul sous les arbres et réfléchir.

La voix de David devint dure et Margaret pensa qu'elle ressemblait étrangement à la voix de McGregor parlant aux ouvriers. «J'ai acheté cet homme», a déclaré David. « J'ai utilisé l'arme cruelle que les hommes comme moi doivent utiliser. Je lui ai donné de l'argent et je lui ai dit de sortir, de me laisser tranquille. Je l'ai fait parce que je devais gagner. Mon genre d'hommes doit toujours gagner. Au cours de la promenade que j'ai faite seule, j'ai mis la main sur mon rêve, ma croyance. Je fais le même rêve maintenant. Cela signifie plus pour moi que le bien-être d'un million d'hommes. Pour cela, j'écraserais tout ce qui m'opposerait. Je vais vous raconter le rêve.

«C'est dommage qu'il faille parler. Les paroles tuent les rêves et les paroles tueront également tous les hommes comme McGregor. Maintenant qu'il a commencé à parler, nous allons prendre le dessus sur lui. Je ne m'inquiète pas pour McGregor. Le temps et les paroles entraîneront sa destruction.

L'esprit de David partit dans une nouvelle direction. "Je ne pense pas que la vie d'un homme ait beaucoup d'importance", a-t-il déclaré. « Aucun homme n'est assez grand pour comprendre toute la vie. C'est une fantaisie stupide des enfants. L'homme adulte sait qu'il ne peut pas voir la vie d'un seul coup. Cela ne peut pas être compris ainsi. Il faut se rendre compte qu'il vit dans un patchwork de nombreuses vies et de nombreuses pulsions.

« L'homme doit frapper la beauté. C'est la prise de conscience qu'apporte la maturité et c'est là que la femme entre en jeu. C'est ce que McGregor n'a pas été assez sage pour comprendre. C'est un enfant que l'on voit dans un pays d'enfants excitables.

La qualité de la voix de David a changé. Passant ses bras autour de sa fille, il lui attira le visage contre le sien. La nuit tomba sur eux. La femme, fatiguée par tant de réflexions, commença à se sentir reconnaissante du contact de la main forte sur son épaule. David avait atteint son objectif. Il avait momentanément fait oublier à sa fille qu'elle était sa fille. Il y avait quelque chose d'hypnotique dans la force tranquille de son humeur.

« J'en viens maintenant aux femmes, à votre côté », dit-il. « Nous parlerons de la chose que je veux vous faire comprendre. Laura a échoué en tant que femme. Elle n'en a jamais vu l'intérêt. Au fur et à mesure que je grandissais, elle n'a pas grandi avec moi. Parce que je ne parlais pas d' amour , elle ne me comprenait pas comme un amant, ne savait pas ce que je voulais, ce que j'exigeais d'elle.

«Je voulais poser mon amour sur sa silhouette comme on met un gant sur sa main. Vous voyez, j'étais l'aventurier, l'homme ébouriffé et ébranlé par la vie et ses problèmes. La lutte pour exister, pour obtenir de l'argent, ne pouvait être évitée. J'ai dû faire ce combat. Elle n'a pas. Pourquoi ne pouvait-elle pas comprendre que je ne voulais pas venir en sa présence pour me reposer ou pour dire des paroles vides de sens. Je voulais qu'elle m'aide à créer de la beauté. Nous aurions dû être partenaires dans ce domaine. Ensemble, nous aurions dû entreprendre le combat le plus délicat et le plus difficile de tous, celui de la beauté vivante dans nos affaires quotidiennes.

L'amertume envahit le vieux laboureur et il prononça des paroles fortes. « L'essentiel réside dans ce que je dis maintenant. C'était mon cri à la femme. C'est sorti de mon âme. C'était le seul cri que j'ai jamais lancé à quelqu'un. Laura était une petite idiote. Son esprit se tourna vers de petites choses. Je ne sais pas ce qu'elle voulait que je sois et maintenant je m'en fiche. Peut-être voulait-elle que je sois un poète, un enchaîneur de mots, un poète qui écrive de petites chansons stridentes sur ses yeux et ses lèvres. Ce qu'elle voulait n'a plus d'importance maintenant.

"Mais tu comptes."

La voix de David traversa le brouillard de nouvelles pensées qui troublaient l'esprit de sa fille et elle pouvait sentir son corps se raidir. Un frisson parcourut son propre corps et elle oublia McGregor. De toute la force de son esprit, elle était absorbée par ce que disait David. Dans le défi qui sortait des lèvres de son père, elle commença à sentir qu'un but précis naîtrait dans sa propre vie.

« Les femmes veulent s'épanouir dans la vie, partager avec les hommes le désordre et la confusion des petites choses. Quelle envie ! Laissez-les essayer s'ils le souhaitent. Ils en auront marre de cette tentative. Ils perdent de vue quelque chose de plus grand qu'ils pourraient entreprendre. Ils ont oublié les choses anciennes, Ruth dans le maïs et Marie avec le pot de pommade précieuse, ils ont oublié la beauté qu'elles étaient censées aider les hommes à créer.

« Qu'ils participent uniquement à la tentative de l'homme de créer de la beauté. C'est la grande et délicate tâche à laquelle ils doivent se consacrer. Pourquoi tenter plutôt la tâche secondaire, la moins chère ? Ils sont comme ce McGregor.

Le laboureur se tut. Prenant le fouet, il fit avancer rapidement les chevaux. Il pensait avoir fait valoir son point de vue et se contentait de laisser l'imagination de sa fille faire le reste. Ils quittèrent le boulevard et traversèrent une rue bordée de petits magasins. Devant un saloon, une troupe de gamins des rues conduite par un homme ivre et sans chapeau imitait grotesquement les Marchers de McGregor devant une foule de badauds rieurs. Le cœur serré, Margaret réalisa que même au sommet de sa puissance, les forces qui finiraient par détruire les impulsions des marcheurs de McGregor étaient à l'œuvre. Elle se rapprocha de David. «Je t'aime», dit-elle. « Un jour , j'aurai peut-être un amant mais je t'aimerai toujours. Je vais essayer d'être ce que tu veux de moi.

Il était plus de deux heures du soir lorsque David se leva de la chaise où il lisait tranquillement depuis plusieurs heures. Le sourire aux lèvres, il se dirigea vers une fenêtre faisant face au nord, en direction de la ville. Tout au long de la soirée, des groupes d'hommes étaient passés devant la maison. Certains s'étaient battus, une simple foule désordonnée, d'autres s'étaient rassemblés côte à côte en scandant le chant de marche des ouvriers et quelques-uns, sous l'influence de l'alcool, s'étaient arrêtés devant la maison pour hurler des menaces. Maintenant tout était calme. David alluma un cigare et resta longtemps à contempler la ville. Il pensait à McGregor et se demandait quel rêve de pouvoir excité cette journée avait mis dans la tête de l'homme. Puis il pensa à sa fille et à sa fuite. Une douce lumière lui vint aux yeux. Il était heureux mais lorsqu'il se fut partiellement déshabillé, une nouvelle humeur apparut et il éteignit les lumières de la pièce et se dirigea de nouveau vers la fenêtre. Dans la chambre au-dessus, Margaret n'avait pas pu dormir et s'était également glissée jusqu'à la fenêtre. Elle repensait à McGregor et avait honte de ses pensées. Par hasard, le père et la fille commencèrent au même moment à douter de la véracité de ce que David avait dit pendant leur promenade sur le boulevard. Margaret ne pouvait pas exprimer ses doutes avec des mots mais les larmes lui montèrent aux yeux.

Quant à David, il posa la main sur le rebord de la fenêtre et, un instant, son corps trembla comme de vieillesse et de lassitude. « Je me demande, » marmonna-t-il , « si j'avais été jeune – peut-être que McGregor savait qu'il échouerait et pourtant il avait le courage de l'échec. arbres, j'ai fait une erreur? Et si après tout cela, McGregor et sa femme connaissaient les deux routes. Et si, après avoir délibérément regardé le chemin du succès dans la vie, ils s'engageaient sans regret sur le chemin de l'échec ? Et si McGregor et pas moi connaissions le chemin de la beauté ?

FIN